이비인후과 醫師가 들려주는 醫學콩트

메타버스(가상+현실)

하마와 연꽃
河馬 蓮

상상을 뛰어넘는 황홀한
假像世界로 가보자

의학박사 조 홍 주

에코미디어

조홍주 의학꽁트
하마河馬와 연꽃蓮

인쇄_ 2024년 5월 25일
발행_ 2024년 5월 30일

지은이_ 조 홍 주
펴낸이_ 정 찬 애
발행처_ 도서출판 에코미디어
주소_ 광주시 동구 양림로119번길 21 - 1(학동)
전화_ (062)224 - 5319
팩스_ (062)225 - 5319
E - mail | jcapoet@hanmail.net

ISBN 978 - 89 - 97482 - 73 - 3 03880

값 30,000원

공급처 ■ 한국출판협동조합
경기도 파주시 적성면 가월리 1859-9 한국출판협동조합 적성물류센터
주문전화 (02)716-5616, 070-7119-1740

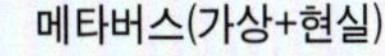

메타버스(가상+현실)

하마와 연꽃

河馬　　　　蓮

상상을 뛰어넘는 황홀한
假像世界로 가보자

■ 들어가는 말

詩를 쓰는 이유는 딱히 없다
詩는 언어 미술이라 생각되므로
그냥 쓴다기보다는
그림을 좋아하는 나로서는 그냥 그려 본다
쓸 수밖에 없기에 그저 그린다
무엇을 쓰고 그릴지는 중요하지 않다
詩는 세상에서
가장 짧은 말로 표현한다는 것이 좋을 뿐만 아니라
사람들의 腦(뇌)가 가장 좋아하기 때문이다

사람의 뇌는 에너지를 거의 소모하지 않기 위해서 문제를
쉽게 처리하고, 본능적으로 간단하고 쉬운 설명을 좋아하고
그것을 진실이라고 생각하는 경향이 있다.
심리학에서는
인지적유창성(認知的流暢性 cognitive fluency)이라 한다
복잡한 설명을 좋아하지 않는 뇌의 성격에 맞게
제품 광고도 여러 가지 장점을 열거하지 않고 훨씬 단순하게 한다.
나이키 운동화의 Just do it(그냥 해)처럼.
물론 그 속에는 다양한 의미가 있다
결과를 두려워하지 말고 시도하라

포기하고 싶더라도 계속해서 도전하라

정주영 회장이 그립다
"이 봐 해봤어?"

2024년 6월
조홍주

차 례

하마河馬와 연꽃蓮

하마와 연꽃

뉴욕 메트로폴리탄 미술관의 비공식적인 마스코트가
파란 色의 하마(河馬. 불루 히포)이다
찬물에서 수영을 즐기는 하마(hippopotamus 히포파라머스)는
통통한(chubby 사비) 몸매에 작은 귀, 짧은 다리로
땅을 딛고 걸어 다니는 강에 사는 말(馬)로 초식동물이다

메트로폴리탄 미술관의 河馬는
왜 연꽃(睡蓮)으로 장식했을까?
더러운 진흙에 물들지 않고
도리어 아름답고 성스러운 꽃을 피운다
어렵고 힘든 조건이더라도
善業(선업)을 쌓으면
언젠가 깨달음의 꽃을 피울 수 있다는

석가모니 부처님의 말씀을 미리 예견한 것일까?

메트로폴리탄 미술관에는
모네가 말년에 많이 그렸던
밤에 꽃잎이 오므라져 잠자는 연꽃이라는 뜻의
睡蓮(Water Lilies) 작품이 전시되어 있다
모네가 연꽃을 그린 이유는
불교의 깨달음을 알았단 뜻일까?
아니면
매일 밤 닫히고 아침에 다시 열리는 꽃잎을 보고
때로는 형태가 때로는 색의 변화를 통해서
매 순간 새로운 인상을 마주하면서
부활(재생)을 깨달았다는 뜻일까?

*睡蓮(수련)
*睡(잠잘 수)=目+垂(드리울 수)
垂=千+ 艹 +土. 천(千) 개의 풀이 흙을 향해 '내려 오다'
*蓮=艹 + 連(이을 련, 연결할 연)
뿌리가 마디마다 실뿌리를 내리고 진흙 속을 기면서
계속 이어지는(連) 풀(艹)이라는 뜻
*긴긴 겨울밤에 잠 못 이루는 이유?
- 겨울에는 떨어지는 꽃잎(풀)이 없으니까(睡)
*蓮根(연근, 연뿌리) -흙 속의 진주

*메트로폴리탄 미술관의 하마 작품(이집트에서 출토)은
무덤 속에서 부활하면 위험한 동물이므로
고인에게 해를 끼칠까 봐 다리 3개가 부러져 있었다

*환생과 부활
체내에서 완전 연소되는 유기물(탄수화물)과 달리

무기질(미네랄: 칼슘. 마그네슘)은 자연계에서
생성 소멸되지 않고 돌고 도는 회전하는 광물질이라
유기물은 예수님의 부활이요
무기물은 부처님이다
우리 몸은 유기물과 무기물을 모두 포용하는데
종교에서는 왜 따로 따로일까?
네가 나를 모르는데
난들 너를 알겠느냐(tathata)

*르네상스(부활) -생명의 부활이 아니라, 그리스. 로마문화의 부활

*타타타(산스크리트어 如如)
- 사물을 있는 그대로 진실하게 보면,
아무런 의견이나 판단의 개입 없이 묵묵히 바라보면,
그 어떤 경계에도 마음이 휘둘리지 않으면
번뇌로 가득했던 사념이 사라지고
마음이 평안해 진다 *타타타 작사 양인자
성경 - 하나님이 꿈꾸는 세상은 차별 없는 평화. 평강. 평안

*하마 몸에는 수초. 새. 연꽃이 그려져 있고
*연꽃은 태양과 부활을 뜻한다
*해마(海馬 hippo 馬 + campus 괴물. 연충)
*불교의 극락세계에서는 모든 중생이 연꽃 위의 神으로 태어난다고 믿음
불상은 연꽃 위에 있다
*연꽃을 국화로 삼는 나라들 -인도. 베트남. 몽골. 이집트
*뇌해마(腦海馬)-좌측 해마 - 최근의 일을 기억
우측 해마 - 태어난 이후 모든 것을 기억
*하마(河馬. 江에서 사는 말. hippo 馬 + potamus 江)
*세계 4대 문명 -Egypt. Meso-potamia. Indus. China)
Meso(중간) + pota(江) 사이에 있는 mia(땅. 도시)
(유프라테스와 티그리스 江 사이에 있는 도시)

*샵티(shapty) - 무덤에 부장되는 인형
-현재의 윤택한 삶이 사후에도 이루어지기를 바라면서
죽은 자를 도와주는 인형들. 그 중에 하나가 하마 인형

한편, 하마는 혼돈(강력한 힘)을 의미하기도 하고
형(오시리스)을 죽이고 왕(Seth 세트)이 되었지만 후에
하마로 변해 나일江으로 달아나다가 형의 아들(호루스 Horus)에 의해
죽임을 당하는 역사도 있고,
나일江의 연꽃 풀 섶에 살면서 주변 농작물에
많은 피해를 주었기 때문에 퇴치해야 할 악의 상징이기도 하다.
하마는 죽은 이의 부활을 위해 무덤에 넣어두기는 하지만
오죽하면 지하세계에서도 죽은 자를 해칠까 봐 부장할 때
하마의 다리를 부러뜨려 놓은 것이 흥미롭다

*可(옳을 가)=口+ㄱ
-꾸지람을 들어도 그 말이 옳아서(옳다)
입(口)이 막혀(ㄱ) 대꾸를 못한다 '옳다. 허락하다'
-독재자들은 무조건 찬성하도록 주민들의 입(口)을 비뚤어(ㄱ) 막는다
입은 비뚤어져도 바른말을 해야 하는데 ....
河(물 하) -黃河江이 굽어진 곳이 많아 막혀있는(ㄱ) 물(氵)처럼 보인다
母(어미 모) -여자(女)의 몸에 있는 2개의 젖꼭지 표시
每(매양 매) -어린아이(人)가 매번 어머니의 젖을 먹는다
海(바다 해) -매양(每樣) 물(氵)이 있는 곳 '바다'
매양 – 번번히, 늘, 언제나, 한결같이, 매일, 때마다

*선업(善業)
- 善(착할 선)=羊 + 艹 + 口, 다른 동물은 잡아먹지 않고 풀만 먹는다
풀만 좋아하는 직업 -藥師
業(업 업)=辛辛辛辛 + 人, 인생은 끊임 없이 매운맛(辛)을 보는 것이 업이다
*害(해치다 해)=집 면 宀 + 풀이 무성할 봉. 어지러울 봉 丰 +口 먹다. 말하다
-집안에서 헐뜯고 어지럽힌 말을 하면 손해(損害)를 본다 (spoiler 훼방꾼)
*丰 예쁠 봉, 풀이 어지럽게 돋아난 모양
*憲(법 헌)=害+目+心
-국민의 생활을 해치지 않도록 잘 살피고 깊이 통찰하는 것
*慧(지혜 혜)와 惠(은혜 혜)
慧- 내 마음(心)속의 많은 어지럼증(丰丰)을 손(彐)으로
쓸어내야(청소) 일을 잘 처리하는 능력의 智慧(지혜)를 준다
惠-내가 노력해서 얻는 것이 아니라, 하나님의 선물로만 받을 수 있다

이집트의 하늘 아래 하마의 노래가 울려퍼지네

나일강의 향기 퍼지는 아침
연꽃이 피어
이집트의 땅에 희망의 빛을 안기면서
순수와 아름다운 정신의 깨끗함을 노래하는 동양의 연꽃처럼
새로운 시작, 태양의 부활을 선명히 그리네

죽음과 부, 지혜와 마법을 상징하는
수호신으로서의 하마,
생명의 원천인 물의 풍요와 삶의 신비를 상징하는
물의 상징으로서의 하마
이집트 왕들의 하마 사냥을 표상화한 조각상과 그림을 상징하는
왕실의 권력과 풍족함의 상징으로서 하마가
나일강의 황금 물 따라 흐르면서
우아함을 노래하고, 새로운 삶을 알린다

하마는 이집트 문화에서 깊은 의미를 지니고 있으며
그들의 예술, 종교, 문화적 표현에서 빈번하게 등장한다고
우리에게 이야기를 전한다
이집트의 하늘 아래 하마의 노래가 울려퍼지네

호루스(Horus)와 예수

BC 5천년 경, 처녀 이시스의 품에서부터 태어나
12세에 지혜의 빛으로 나아가
30세, 세례로 신성의 길을 걷고
12명의 추종자와 함께 여러 기적을 이룬다
그의 말씀으로 심장을 따뜻하게 하며
병든 자를 치유하며 물 위에 걷는 기적을 행한다
제자의 배신으로 십자가에 못 박혀 죽은 지
3일 만에 부활로 다시 태어난다

호루스 王(이집트 태양神, 매의 형상) 전설과 예수의 말씀은
시대를 초월하여 그들의 영광을 기억하며
우리의 마음속에서 빛나리라

*고대 이집트 사람들
- 사후세계와 부활 그리고 영생을 간절히 염원했고 또 믿었다
- 사람뿐만 아니라 동물들도 미라를 만든 이유(고양이. 개. 따오기. 하마 등)
  - 동물숭배가 아닌, 사람에게 없는 특별한 능력을 가진
    특정 神의 화신으로 생각했기 때문에
  - 그림에서 눈. 가슴. 몸통은 정면으로,,
    얼굴. 팔. 다리. 발은 측면으로 표현했다

*태초의 창조神 아툼(태양신 라 또는 레)은
공기. 습기의 神을 낳고

이들은 땅. 하늘의 神을 낳고
이들은 두 아들 오시리스와 세트를 낳고
두 딸 이시스와 네프티스를 낳는다
오시리스와 이시스는 부부가 되어 아들 호루스를 낳는다
오시리스는 저승세계, 호루스는 현세의 이집트를 관장하면서
매일 지고 뜨는 태양처럼 순환과 재생을 통해 이승과 저승을 연결시킨다

*인류 최초의 살인범—동생 세트가 형 오시리스를 살인
- 성경 : 아담의 아들, 형 카인이 동생 아벨을 살인

*사후 심판 – 심장 무게 달기
저울 양쪽에 심장과 깃털을 놓는다.
한사람의 전 생애 모든 것을 담고 있다고 생각하는 망자의 심장과
진실. 정의. 질서 등을 상징하는 마아트 神의 깃털을 각각 올려놓고
무게를 비교해서 깃털보다 가벼우면
지은 죄가 적어 내세에서의 부활. 영생이 가능하지만,
깃털보다 무거우면 영원히 소멸된다.

떨어지는 꽃잎도 아는데

떨어지는 꽃잎도 아는데
사람들은 더 오래 살고자
안 떨어지려고 몸부림 치는구나

항산화 물질을 찾아 비타민 C를 좇아가고
신경전달물질을 찾아 글루타치온을 좇아가고
세포막 보호제(두뇌 영양제)를 찾아
레시틴(포스파티딜콜린)이라는 불로초를 좇는구나

'내가 길이요, 진리요, 생명이니
나로 말미암지 않고는 아버지(영원한 생명)께로 올 자가 없느니라'고
예수님께서 꿀 팁을 주셨는데도
그걸 모르다니
떨어지는 꽃잎이 웃는다

노인 요양병원에서 할머니들이 가장 많이 하는 말

노인 요양원에 누워있는 할머니들이 가장 많이 하는 말은?
"집에 갈거야."
왜냐고 물어보면
가족들을 위해서 밥하러 가야 한다고
요양병원에서 돌아온 사람은 거의 없는데 ....

요양병원에 가족들이 면회를 오면
나이 든 의사는 가족관계를 금방 알아본다네
침대 옆에 있으면, 딸
딸 옆에 서 있으면, 사위
문간쯤에 서 있으면, 아들
병원 복도에서 전화하고 있으면, 며느리

까마귀의 반포지효와 까마귀 화가 장욱진

와이프가 부엌에서 혼자 즐겁게 이야기한다
까치야 까치야 반갑구나
우리 집에 자주 오렴

까치든 까마귀든 우리 집에 오는 새들은 반갑다
까마귀 새끼가 자라서
늙은 어미에게 먹이를 물어다 준다는
반포지효(反哺之孝)가 생각난다
유화 730여 점 중 440점(60%)에
몸통은 온통 새까맣고 눈만 하얗게
까치를 그리는
장욱진(1917~1990) 화가가 생각난다

누가 까마귀를 검고 흉하다고 하였는가
반포보은이 그것이 아름답지 아니한가
사람들이 저 새만 못함을 못내 슬퍼하노라
박효관 시인(조선 고종)이 생각난다

*반포지효(反哺之孝) -돌이킬 반, 먹일 포
반포 -되먹이는 습성
哺(먹일 포)=입(口)을 크게(甫) 벌려서 먹는다
*含哺鼓腹(함포고복) -배불리 먹고 배를 두드리면서 즐겁게 지낸다

머금을 함. 머금을 포. 두드릴 고. 배 복

*今(이제. 오늘. 곧) + 口(含) + 心(念) + 貝(貪)

-입(口)에 머금고, 생킬까 말까 생각(心)하다가, 탐하고 삼킨다(貝)

*온 몸이 까만 까마귀와 배. 날개만 하얀 까치는

모두 까마귀과 소속이다

*甫(클 보) -십자가(十)에서 예수님의 흔적(丶)을 잘 이용(用)해서

믿으면(펼치면) 크게 복 받는다

甫吉島(보길도) -크게 복 받은 섬

*尃펼 부(甫+寸) -큰 것을 마디마디 나누워 편다

*傅(스승 부) - 가르침을 펴(尃)는 사람

*博(넓을 박) -열 배 이상으로 펴는 사람. 博士. 博覽會

*薄(엷은 박) -풀이 물에 펴지면 엷어진다. 薄利多賣

*搏(칠 박. 잡을 박) -손을 펴다. 치다. 잡다. 脈搏. 龍虎相搏

칼춤을 막다가 설사한 친구

팔을 굽으면서(근육수축) 칼춤(칼슘)을 춘다
굽은 팔을 펴주면서(이완) 칼춤을 막아준다(마그네슘)
모든 근육이 움직일 때는
칼춤(칼슘)을 추어야 한다(근육수축)
칼슘이 부족하면(우리 몸의 2%=1.2Kg=뇌의 무게)
심장도 뛸 수 없고
말을 할 수 없고, 호흡도 할 수 없다

그대 칼춤(칼슘) 추는 자리에는
혼자 남아 쓸쓸한 날이 아니다네
마그네슘 비타민 D, 아연(칼마디아) 친구들도 함께 해주니
다른 날 보다 더
흡수도 잘되고(마그네슘 2:1), 후유증(비타민 D)도 없다네

칼슘을 복용할 때는
이온 칼슘이 좋고(1일 350mg)
인과 결합해서 인산마그네슘 형태로
뼈(60%), 근육(30%), 연조직(나머지)에 존재하는 마그네슘은
칼슘이 혈액에 녹을 수 있도록 도와주는(신장결석 예방)
주기율표 2족(Ca^{++}, Mg^{++}) 동기동창이다

비타민 D는 지용성이고 햇빛 비타민이므로

빛이 쪼이는 아침 식사 후에 먹는 것이 좋다
미네랄 역시 지용성 비타민과 비슷하므로
기름기를 복용한 식후에 먹어야 좋다

근육을 이완 시켜주는 마그네슘은 눈 떨림이나 다리에 쥐나는 것도
풀어주고, 혈압도 낮게 해주고
멜라토닌 생성에 도움을 주어 불면증도 치료해 준다
그러나 너무 많이 먹으면
설사(사? 400mg 이상)를 일으킨다(변비예방)

나트륨(소금)은 항상 넘쳐서 문제이고
칼슘은 항상 부족해서 문제라고
해 저물녘이 되면 나트륨, 칼슘, 마그네슘
하얀 알약들이 어둠속에 마구 솟구치면서 알려준다

*발사믹(balsamic) 어원: 이탈리아어 뜻 '향이 좋다'
-포도 와인을 초산발효 시킨 것
-혈당조절, 위장에 음식을 오래 머물게 해서 포만감을 주고
탄수화물 분해활동을 억제 - 다이어트에 효과
빵과 함께 먹으면 혈당을 천천히 오르게 한다
*변비 예방
발사믹 식초 1티스푼+뜨거운 물 1컵+다시마 한 조각
-스트레스와 긴장을 풀어주고, 변비 예방
다시마(곤포) 100G당 마그네슘 760mg 함유(1일 섭취량 2배)
*변비 예방의 3총사(육해공)
1) 바다의 불로초 - 다시마
2) 나무 위의 그린 키위(kiwi 참다래)
3) 땅속의 우엉

칼슘 - 뼈와 치아의 재료: 99%
나머지 1%가 근육과 신경 기능을 조절하고 혈액응고를 돕는다
- 필요 이상 넘치면 석회질이 생기다
calx. calcification 石灰化

똥-석회화-변비
똥의 석회화(변비)를 설사로 막아주는 마그네슘

*똥(변비)을 좋아하는 사람들, 리비똥
먹었으면 내놔야지
집착하면 안 돼
욕심 부리지 마
숨기지 마(秘)
神이나 리비똥 아니야
로큰롤의 제왕 엘비스 프레슬리도
42세에 변비 때문에 호화로운 화장실에서 죽었다는 것을
알랑가 몰라

泌(스며날 비) -물(氵)은 반드시(必) 흐른다, 분비한다
秘(비밀 비) -神(禾, 示의 변형)은 반드시(必) 보이지 않는다
必(반드시 필) =丿+心 삐뚤어진 마음이니 '기필코' 고치다

*更(갱. 경) & 便(변. 편)
更고칠 경, 바꿀 경, 다시 갱) -한번(一)만 말하면(曰) '다시. 바꾼다'
- 更年期(갱년기), 更迭(경질)
*便 (똥 싸고 나면 편해진다)
- 오줌 변(便秘), 편할 편(便利. 形便)
- 말 잘 듣는 사람(人)은 편하다(便)

*dulcolax=dulco(sweet)+lax(laxative 완하제 緩下劑)
달콤하게(편안하게) 변을 보다. 내시경 전날 2알(둘코, 코가 2개) 복용

*dulco 라틴어 dolce(돌체) 감미롭게, 부드럽게, sweet(단 음식, 단 것)
*緩下劑(완하제)
爰(당길 원)- 손(爪)으로 한(一) 친구(友)를 당기다

煖(따뜻할 난) -불(火) 당기니(爰) 따뜻해진다
緩(느슨할 완) -실(糸)을 당기니(爰) 느슨하다.
*緩行열차처럼 느슨하게 살아라(단단하고 경직된 치아는 빠지지만,
부드러운 혀(舌)는 건재한다)
上善若水(상선약수) -물처럼 부드럽게 살아라
경직되면(석회화. 경화증) 죽는다(뇌경색)
*유한락스 - rox. 미국 clorox와 합자한 유한양행의 세정제, 표백제

*fluorine(플루오린) F 불소, 염소(chlorine)에서 ~orine 모방
불소는 석회화된 칼슘(Ca)과 아주 친화력이 강하다
불소가 치약에 있으면 치아로부터 빠져나간 칼슘이
다시 돌아와 치아를 단단하게 만들어 마모를 예방
충치를 일으키는 세균으로부터 치아 보호
한편, 특히 송과체가 석회화되면 - 뇌세포를 보호하는 강력한 산화제 역할을
하는 멜라토닌이 부족화 되어- 뇌출혈, 편두통 일으킴
-불소 함유된 치약 주의

* 살충·살균을 하는 요오드 형제들(F. Cl. Br. I) -할로겐 족
F(불소) - 불소 치약
Cl(염소) - 수영장 소독, 표백제(세제)
Br(브롬) - 딸기용 살충제, 주스 맛첨가제, 빵, 피자 밀가루 질감용
I (요오드) - 살균(포비돈)
요오드 형제들은 살균제 역할을 하고, 혼자 독방에 살기를 좋아하므로
갑상선기능저하증 환자들은 요오드를 쫓아내는
요오드 형제들을 조심해야 한다

*당뇨병 환자는 비타민 C가 보통사람보다 50% 부족
그래서 비타민 C를 아침. 저녁 500mg씩 먹어야 치료에 도움이 되는데
마그네슘과 함께 복용하면 더 좋다

*차이콥스키는 마그네슘을 좋아해서 설사병(콜레라)에 걸렸을까?

러시아 출신 동성애자 차이콥스키는 교향곡 6번 '비창'을 작곡하면서
스스로도 펑펑 울었다
비통한 감정을 토해낸 선율과 인간의 폐부를 찌르는 강열한 악상으로 채워진

명작을 지휘(초연)한지 9일 만에 설사병(콜레라)으로 생을 마감(1891년)하고
이 작품이 연주되었을 때 공연장은 울음바다가 되었다
차이콥스키는 설사로 작곡했고, 청중들은 설사 대신 눈물로 보답한 것일까?

*우울증 치료법-경두개(經頭蓋) 자기 또는 전기 자극술
trans-cranial magnetic stimulation(TMS)
행복 호르몬 세로토닌 - 도파민 회로가 있는
뇌의 왼쪽 앞 前 전두엽(cortes의 pre-frontal)에 두개골 밖에서
미세전류(전기: 약한 사극))를 흘리기나,
자기장(강한 자극)을 쏴준다. 뇌피질(뇌 껍질, 뚜껑. 蓋)을 직접 자극해서
정신감정을 조절한다
- 우울증. 불면증. 파킨슨. 이명 등 치료

지게문(戶) 아래 문틈 사이로(개구멍)
비집고 나오려는 멍멍이(犬)의 눈물(淚)처럼
사람의 눈물주머니(淚囊 누낭)를 자극한다
환하게 밝힌 연주장의 촛농(燭淚 촉루)도 사람의 눈물처럼 흐른다
뜨거운 건 매한가지다

*콜레라(cholera) - 쓸개즙(chole)이 섞인 구토물과 설사를 뜻함
- 원인균 vibrio cholerae

비창(悲愴) - 슬플 비, 슬퍼할 창
非 날개가 서로 대칭으로 어긋나다. 아니다

悲 마음이 어긋나다. 슬프다
倉(곳집 창) – 동물의 습격이나 습기를 막기 위해 기단(口)을 세우고
그 위에 곡간을 짓고(戶) 제일 위에 지붕(人)을 덮는 창고
創(비롯할 창) - 창고를 짓다 칼로 다치다. 상처가 처음 생기다. 시작하다
創造, 創世記
造 - 어린이들이 흙으로 장난감을 만들 듯이
하나님도 흙(土)에 별(丿)을 쳐서 말(口)하면서 걸어간 것을(辶) 만든다(창조)
滄(바다 창) - 물의 창고
愴(슬퍼할 창) - 창고가 텅 비어 먹을 것이 없으니 슬프다
瘡(부스럼 창) - 창고에 곡식 쌓이듯이 병원균들이 모인 부스럼(褥瘡 요 욕)
蒼(푸를 창) - 곳집 주변에 자란 풀색이 푸르다. 蒼空, 蒼白

넓은 코스 동쪽 끝으로 드라이버 오비(OB) 나니
세컨샷도 휘돌아 나가고
더블 보기에 동반자가 해설피 금빛
비꼬는 웃음을 웃던 곳
그 오비(OB)가 차마 꿈엔들 잊힐리야
*해(日) + 설핏하다(해가 져서 밝은 빛이 약하다)=해설피
함추롬 – 어떤 기운이 서리어 있거나, 물기를 머금고 있어 차분하고 곱다는 뜻

*약에 베이킹 파우더를 넣으면 빵처럼 맛 있을까?

기원전 4천년쯤, 고대 이집트에서
처음 만들어진 빵은
공기 중의 효모라는 미생물의 도움으로
효모는 밀가루가 분해된 당류를 먹고
알코올과 기포를 만드는 이산화탄소를 배출한다
이산화탄소가 반죽을 부풀려(바람기를 불러 넣어)
딱딱했던 빵의 식감을
부드럽게 해주고
빵의 풍미를 색다르게 해준다
단점은 하루 이상 기다린 것이다
그래서 등장한 것이 기다림 없는
이산화탄소를 배출하는 인공합성물 '합성팽창제'가
베이킹소다(탄산수소나트륨 NaHCo3)이다

베이킹 소다는 이산화탄소 뿐만 아니라
쓴맛의 원인이 되는 염기성물질을 만들어낸다는 단점이 있다
이것을 개량한 것이 '베이킹파우더'이다

*반죽을 팽창
베이킹소다는 산성물질(요거트. 설탕. 초콜릿. 식초)을 첨가했을 때만
중화반응을 일으켜 부풀게 한다
베이킹파우더는 산성 물질을 별도로 넣을 필요가 없다
단 세정력은 수산이온 발생이 많은 베이킹 소다가 더 좋다

*盡人事待天命(진인사대천명)이라 했는데
단 하루, 그걸 못 기다리고
밀가루에 베이킹 소다를 뿌리다니

변비, 吝嗇(인색)하지 마

리비똥처럼 똥(변비)을 좋아하는 사람들
먹었으면 내놔야지
집착하면 안돼
욕심 부리지 마
숨기지 마(秘)
로큰롤의 제왕 엘비스 프레슬리도
42세에 변비 때문에 호화로운 화장실에서 죽었다는 것을
알랑가 몰라

똥-석회화-변비,
인색하면 안돼, 내 놓으라고
글(文) 또는 말(口)로만 걱정하는 인색할 인(吝),
한번 들어오면(來) 창고에 2중(回)으로 보관하는
인색할 색(嗇)
똥의 석회화(변비)를
설사로 변비를 막아주는 마그네슘이 있지
변비, 아! 생각만 해도, 배 아파 !
똥이 바보같이 똥 취급을 받아서는 안돼
배설이 장수비결의 최고인데

*똥 - 糞(분). 屎(시) -쌀의 찌꺼기

*똥: poop(풉) poo(푸) poopoo
소변, 오줌: pee(피), peepee
urine(명), urinate(동), ordure, dung, feces, shit

염(salt. halo)을 만드는(gen) 원소들

금속원소와 만나면 염(salt)을 만드는
조염원소를 할로겐(halo. 염)족 원소라고 한다
주기율표 17족(7A족)에 있는
플루오린(F), 염소(Cl), 브로민(Br), 아이오딘(요오드 I) 등이다
실온에서는 검보라색 바늘모양의 고체이지만
보라색 기체로 승화된다
격렬한 반응성 때문에 자연계에 순수 원소상태가 드물다
백열전구에 할로겐족 가스를 첨가하면
텅스텐 필라멘트의 증발을 억제 시켜
밝기 수명을 연장시킨 것이 할로겐 등이다

갑상선은 불소나 방사선에 노출된 요오드를
정상 요오드로 착각해서 흡수한다
정상 요오드 대신 불소를 흡수하면
갑상선 호르몬을 만들 수 없어 여러 가지 질병을 일으키고,

핵연료 분열 때 생성된 방사성 요오드(아이오딘 I)를 흡수하면
갑상선 암에 걸린다
일본 후쿠시마 원자력 발전소 사고 때
방사선 요오드가 많이 발생하여
갑상선 암에 대한 공포가 커진 이유도 이 때문이다

치약에 충치 예방 목적으로 들어있는 불소는
멜라토닌을 분비하는 송과선을 공격해서
수면장애를 일으킬 수 있다

이럴 때,
정상적인 요오드(그리스어 iodes 이오데스. 뜻: 보라색)가
풍부한 미역을 먹는 것이 좋다네

*鹽(소금 염. salt)= 臥(臣+人 누울 와)+鹵(소금 로. 소금결정체)+皿(그릇 명)
-신하(臣)가 소금결정체(鹵)를 그릇(皿)에 담아 관리한다
-옛날 중국에서는 '소금과 철'은 국가재정 안정화를 위해서 직접 관리함
-로마에서도 급료를 소금(salt)으로 주었고, 급료를 받는 병사를 soldier(솔져)라 함.
-소금은 알칼리? 산성? 중성(부패방지)이다
단맛을 내는 것은 무수히 많지만, 짠맛을 내는 것은 소금뿐이다
*監(살필 감. 볼 감)
공무원이나 주부는 접시(皿)에 먼지(丶)가 있는지 監督(감독)하고
정부는 접시(皿) 염분(鹵)이 있는지 監視(감시)한다

臨床 醫師와 冊床 醫師

임금이 신하(臣)를 면접시험 볼 때
人品과 品性을 저울질하는 것이
臨(人+品. 임할 임. 접근할 임. 내려다볼 임)이다

醫師가 病床에 臨해서
환자의 인품(人)과 품성(品)의 잘못된 곳을 찾아본다
아파서 몸을 똑바로 세우지 못하고
기울어진(clin 기울다) 환자를
상(床)처럼 평평한 판에 눕이고 어디가 아픈지
치료목적으로 임(臨)하여 살펴보는 곳이
Clinic(진료소. 병원) 이다

의과대학을 졸업해서
직접 환자를 치료하는 의사를 임상의학자라 하고
질병의 발생 원인과 치료에 대한 연구만 하는
冊床의사를 기초연구자(생리. 약리. 병리. 생화학)라 한다
환자를 안 보고 책만 보는 冊床(책상) 의사가 있다고?

*clinically(부사) 임상적으로. clinical(형용사) 임상의. 병원에서 사용되는
poly-clinic(종합 진료소. 종합병원)
臨(임) -사람(人)이 신하(臣)처럼 엎드려 물건(品)을 보니 '임하다' *再臨
癌(암) - 山의 바위처럼 단단히 굳는 병

品(물건 품) -여러 입으로 말하니 '품평'

*臨床 -병을 치료하기 위해 실제로 병상에 임해 환자를 접하는 것

*冊床과 臨床 -서로 맞서서 버티는 치열한 갈등상황이 생길 수 있다
책상머리에 앉아 있는 것 보다 현장경험을 존중해야 한다

*冊床 공무원
-책상 앞에 공부만 하여 세상 물정을 모르는 사람을 낮잡아 이르는 말

*床(평상 상) - 牀의 속자

*臨場(임장) -현장에 임한다(나오다). 발품을 판다. 방문한다. 현장답사
-부동산을 사려고 할 때, 직접 해당지역에 가서 탐방하는 것

*日常

똥도 약이다(대변 이식)

개똥도 약에 쓰려면 없다는 속담이 있다
아프리카에서는 이질(설사)이 있으면
김이 모락모락 나는 낙타 똥을 먹는다
낙타 똥 안에 있는 유익균인 '고초균(枯草菌)'이
이질균을 억제하기 때문이라네

항생제 후유증·부작용으로 장내 세균이 파괴되거나
대장 내에 클로스트리듐(clostridium difficlie)균이
과다 증식해서 대장염이나 중증 설사가 있을 때
크론병·궤양성대장염이 있을 때
건강한 사람의 똥 200~300g을 식염수에 섞어
분쇄 후 체로 찌꺼기를 제거한 다음
대장내시경을 통해 환자의 대장에 뿌려주면
1회 성공률이 80~90%라니
똥 치료(대변 이식) 대단하네

똥이 무서워서 피하나 더러워서 피하지 하는 생각
그것도 아니네

*고초균(枯草菌) -bacillus subtilis
- 콩을 발효시키는 과정에서 구린내 냄새를 내뿜는다
- 그람 양성균(막대모양)
- 마른 볏짚(고초)에 많다 *枯(마를 고) -나무가 오래되면 '마르다'

- 장내의 유익균으로 이질균의 감염 및 증식을 억제

*아브라함이 장수한 이유

- 산유(발효유 酸乳. 신맛이 나는 우유)를 늘 마셨기 때문

*사람이 늙으면 왜 노인 냄새가 날까?

피부가 마르니까(枯. 건조하다)

으 하하하!

*이질균(痢疾菌) shigella, shigellosis

- 급성 염증성장염(설사)를 일으킨다
- 그람음성균(막대모양)
- 일본인 shiga(시가)가 발견했다고 shigella
- 痢(설사 리. 이질 리). 이질=설사병
- 利(이로울 리. 날카로울 리) -벼(禾)를 낫으로 베어(刂) 수확한다고 먹는 것에 날카로운(利) 병(疒)이니 '이질 리'

*囷(곳집 균) - 벼(禾)를 에워쌓아(口) 놓은 곳 '차고. 곳집'

菌(버섯 균) - 창고(囷) 위에 난 풀(++) '버섯. 곰팡이'

*古木 - 더 크지 않는 오래된 나무

*枯木 - 말라서 죽어버린 나무

하나님은 마그네슘이다

하늘이 그 사람에게 큰 임무를 주려고 할 때는
반드시 시련을 주신다
연단의 시간을 주신다
하나님께서 이스라엘 백성들을 훈련하시는 모습을
독수리가 새끼를 훈련하시는 모습에 비유하신다
그리고 하나님은 마그네슘처럼 팔을 펴주신다
그의 영원하신 팔이 너의 아래에 있다(신33:27)

맹자도 큰 인물을 만들려면 큰 시련을 주신다고
말씀한 것을 보면
고금을 통한 동서양의 생각이 같은 모양이다
七顚八起(칠전팔기)의 인물들이다
등소평, 링컨 대통령, 이순신 장군

*鍊鍛(연단)=鍛鍊(단련), 단(1천번), 련(1만번) 반복 연습
천만번(천+만), 서울 인구만큼 반복 연습하라
1만 번의 법칙,
3만 번의 법칙 - 무의식의 문이 열린다
마부작침(磨斧作針), 인백기천(人百己千), 백통자통(百讀自通)
마부작침 -도끼를 갈아 바늘을 만든다(갈 마, 도끼 부, 바늘 침)
磨(돌을 갈다), 斧(도끼를 들고 일하는 남자, 아버지)
作(지을 작)=人+丨(사람이 잠깐 사이에 골조를 세우다. 짓다)
針(十 : 바늘귀에 실이 꿰어져 있는 모습)

- 초기 인류는 동물의 뼈를 바늘로 사용했으나
  청동기 문화 이후 바늘의 재질이 철(金)로 바뀜(針)

*마그네슘 - 피로감, 눈 밑 떨림, 다리통에 쥐, 설사(위경련), 불면증을
  해결해 주는 '신경 안정 미네랄' '항 스트레스 미네랄'

*卑(낮을 비)=田+丿+十(屮) -왼팔(屮)로 부채(田)를 펼쳐(丿)
  낮은 자세로 주인을 모신다

*칠전팔기의 顚(엎드릴 전, 이마 전)

- 머리(頁) 중에 진짜(眞) 머리는 '이마'
- 이마(頁)가 맞바로(眞) 땅에 닿는다
  엎어지다 - 앞으로 넘어진다
  자빠지다 - 뒤로 넘어지다

*전도(顚倒)의 倒 -사람(人)이 화살(至)이나 칼(刂)에 맞아 쓰러진 상태

*전도(傳道) -그리스도교 신앙을 선전하여 널리 펴는 일

몸속의 돌멩이들

우리 몸에는
환영받지 못한 돌멩이(석회암)들이 있다
尿石(뇨석), 結石(결막 결석·편도결석), 胃石(위석), 膽石(담석),
齒石(치석), 타석(침 唾石), 췌석(膵臟 췌장) 등

좋은 돌도 있다
평형을 담당하는 '귀속의 돌' 이석(耳石. 聽石, 平衡石 statolith)이다
이게 문제를 일으키면 몸이 빙빙 돌고 어지러워진다
이 돌(石)의 주성분이 탄산칼슘이다

나이가 들면 봄이라는 꽃들처럼
이석의 수분과 칼슘성분이 빠져나가 쏟아져 내리면
균형이 깨지면서 이석 탈락이 생긴다
어지럼증에 칼슘을 먹는 이유이다

만세반석 열린 곳에 내가 숨어 있으니
원수마귀 손 못 대고 환란풍파 없도다(찬송가 386)
인간의 영혼에게 가장 좋은 수석은 반석(磐石)이고
이 세상 사람들이 가장 바라는 돌(수석)은
재림을 뜻하는 '뜨인 돌'이라네

＊뇨로(尿路) 결석은 수산칼슘이 80%
＊수산염(蓚酸염. 옥살산 oxalic acid) - 결석의 주범
- 시금치, 땅콩, 홍차, 흑맥주, 설탕에 많이 들어있다

＊壽石의 壽

진시황 때
강제로 만리장성을 쌓아야 했던 젊은이가
늙으신 부모님에게 살아서 다시 돌아오겠다는
글을 새겨 마을 앞에 놓고 간
목숨을 걸고 떠나는 돌(歸回石) 때문에
목숨 수(壽)자가 붙었다는 수석은
취미 따라 樹石, 水石, 秀石, 氣石, 盆石, 怪石, 娥石이라 한다네
그 중에 제일은 뜨인 돌이라네

＊磐石(반석) -넓게 둘러앉을 수 있는 바위, 너럭바위
般(돌릴 반, 나눌 반)=舟(배 주)+ ~하게 하다. 몽둥이 수 殳
- 배처럼 생긴 그릇에 담긴 음식 등을 돌린다는 뜻
- 彼此一般(피차일반)
＊뜨인 돌
바벨론 제국 느브갓네살(BC 604~562) 王의 꿈에 나타난
미래세계의 예상을 다니엘이 해몽함.
바벨론 다음에 페르시아, 헬라(그리스), 로마제국이 나타나고
그리고 마지막 '뜨인 돌'로 오시는 재림주 예수

금	바벨론	사자
은	바 사 (페르시아)	곰
동	헬 라 (그리이스)	표범
철	로 마	사나운 짐승
철과 진흙	분열된 왕국	작은 뿔
돌이 내리침	그리스도의 왕국	심판

*vaseline(바셀린) =독일어 wasser(water 물)+그리스어 elaion(올리브오일)
- petroleum의 상품명(petroleum jelly)
- 화장품의 원료. 기계류 녹 방지제로 사용
- 옛날부터 석유는 피부염이나 치통 치료제로 사용

*석유(石油) petroleum=petra(바위)+oleum(기름)
- 바위틈 사이로 흘러나온 기름. 돌로 짠 기름
  암석층을 뚫고 그 아래에서 파낸 기름
  특정 암반에서 자연적으로 발생하는 유성 인화성 물질
- 베드로. 피터. peter(반석), petros
  요르단 petra 도시
- 석유재벌 : 록펠러

*돌로 만든 성경(Bible)
스페인 바르셀로나 사그라다 파밀리아 대성당(가우디 作)
-東(예수의 탄생), 西(수난), 南(영광) 3개의 facade(face)
:파사드 뜻 - 출입구. 건물의 정면(正面) front
파사드 앞에는 4개씩 종탑이 있다(12명의 사도를 의미)
-가장 높은 중심의 탑이 172.5 m인 이유는 하나님이 만드신
몬주익 언덕(173m)의 작품을 넘봐서는 안된다는 가우디의 겸손한 의도때문

*몬주익(뜻: 유대인의 산. Mont 산+Juic 유대인)
-가톨릭으로 개종을 거부한 수많은 유대인이 처형 당한 곳
-황영조 마라톤 금메달

입이 마른다

입이 마른다
왜 그럴까?
세월 때문이지요
자연은 스스로 낭비를 줄인다
빛이 직진하는 이유는 시간을 최소화함이 목적이고
동전이 땅에 떨어지는 이유는
중력의 에너지를 최소화함이 목적이듯이
중력 때문에 얼굴만 처진 것이 아니라
아랫입술까지 처지니
입을 벌리고 잠자는 것이 첫째요
나이 들수록 우리 몸속의 물 성분이 줄어느는 것이(80%-50%)
둘째 이유라네

치료는 간단하지요
침샘을 자극해서 입안에 물을 충분히 뿌리주면 되지요
신맛 나는 레몬 과자나 껌을 먹어라
신맛 나는 과일을 먹어라(귤, 레몬, 사과, 포도, 석류 등)
종합 비타민을 먹어라(특히 약방의 감초인 B12. 2. 9)
혀(舌)가 마를 때는 물(氵) 좀 치세요(活)
그리고 기다려라
혀(舌) 들녘에 물이 차기를 숨을 죽이듯 기다려라

십자가 목걸이를 한 녹색 얼굴의 샤갈이 꿈꾸듯
먼 곳을 바라보고 있는
샤갈에게 질문을 던져 본다
"왜 입을 벌리지?"
"나와 마을'에 대해서 아직도 할 말이 많아서 입을 벌린 것 뿐 이다네."

유대계 화가 마르크 샤갈(1887~1985)의 '나와 마을'

*샤갈, 러시아 출신 유대계 화가
1887년 파리로 이주한 후, 망명생활을 하던 샤갈은
평생 고국을 그리워했다
'나와 마을'(뉴욕 현대미술관 소장)이란 작품에서
모자를 쓰고 십자가 목걸이를 한 녹색 얼굴의 남자가 입을 벌린 채 꿈꾸듯
먼 곳을 바라보는 샤갈이 등장한다

*vitamin=vita 생명 + amine 질소화합물
Vitamin A- retinoid 화합물이 retina(망막)에 도움을 준다고
부족하면 각기병(beriberi), 야맹증
vitamin C – 당뇨치료에 도움이 된다
vitamin E (tocopherol=tokos 자식+phero 생산, 아이를 낳다)

-부족하면, 불임증, 유산, 정자형성 기능퇴화

비타민 D – 약물로 과다섭취하면 골절위험 49%증가
- 낙상과 골절예방에 효과가 없다
- 골다공증에는 골다공증치료제 복용이 원칙이고,
비타민 D는 필요하지 않다
- 일주일에 2회, 20분씩 햇볕을 쬐면 충분하다(D=햇볕 비타민)

*비타민 B 군-항 스트레스 비타민
- 심혈관질환 예방 3대 비타민 B —6(피리독신). 9(폴산). 12(코발라민)
- 3대 신경비타민 – 1(통증비타민).6.12
- 약방의 감초 3대 비타민 – B2. 9. 12

B1 티아민
thiamin=thio 黃+vitamin—유황을 함유한 비타민
비타민 복합체(8종) 중에서 최초로 얻어졌다고 B1

B2 리보플라민
리보스(리보핵산 RNA에서 얻어지는 오탄당 일종)+
플라부스(flavus) 노랑색
부족하면 – 설염, 구강염, 편두통

B3 니아신(나이아신 niacin=nicotinic acid+vitamain=비뚜리(B3) 비뚤어졌네
비타민 B군의 꽃
부족하면 펠라그라(마른. 거칠다 agra+피부 pello)
-설사, 치매, 피부 건조증, 우울증
4D(dermatitis, diarrhea, dementia, death)
넘치면 – 홍조
주의 : 간 기능 약한 자, 위궤양, 통풍, 임신 때 금지
-니코틴산의 전구체 : 트립토판
-콜레스테롤 치료제(스타틴 나오기 이전)
LDL 25% 감소, 중성지방(TG) 50% 감소, HDL 35% 증가
1일 500mg씩 2회 복용
-닭고기에 많이 들어있다

B5 판토텐산 pantothenic acid

판토스(pantos) 뜻: '모든 것으로부터' everywhere

- 모든 동식물에 들어있다고

pan- 넓다, 모든, 포괄적인, pantos –우주

pantheon – 신전. 모든 신을 모신 장소. 탁월한 예술가나 유명인들의 집합

판토텐산 – 피부와 머리카락을 구성하는 콜라겐을 만드는 필수물질

-스트레스를 받을 때 생기는 부신피질호르몬의 합성을 돕기 때문에 스트레스 완화에 도움되는 비타민 C와 함께 '항스트레스 비타민'이라 함(만성 피로에 좋다)

-코엔자임 A를 증가시켜 여드름 치료에 도움

*비듬을 예방하는 최고의 샴푸 =살리실산+덱스판테놀+코코넛 계면활성제

1)살리실산 salicylic acid, 비듬의 원천인 죽은 각질 녹인다

2)덱스 판테놀, 피부에 침투하여 판토텐산으로 전환되어 수분막을 형성해서 건조 방지. 습윤제. 보습제

3)코코넛 계면활성제, 세정제

B6 피리독신(Pyrid 불꽃 + OX 毒, 화합물구조가 불꽃같은 형태)

-부족하면 1)신경물질 합성에 필요 –신경통. 저림. 근육약화

2)피부 문제 – 건선. 건조. 가려움증. (옥수수 펠라그라)

3)정신 건강 –신경전달물질 생성에 관여 – 우울증. 불안

4)헤모글로빈 수준 조절에 관여 – 빈혈. 혈소판 감소

4)면역기능 저하

B7 비오틴(Biotin) 탈모예방

어원: 그리스어 '생명(bios)'을 뜻함

결핍 – 탈모, 독일어 Haut und Haar 피부와 모발, 비타민 H

B9 엽산(비타민 11, 비타민 M)

부족하면 – 구내염(입마름)

B12 코발라민 - 코발트(cobalt)를 함유한 비타민

-동물성 식품에만 함유되어 있으므로 채식주의자들 주의요망

-약방의 감초 역할

DNA&RNA 합성

신경전달 대사(신경세포 절연체 기능-부족하면 손발이 저리고 통증)

지질대사. 아미노산대사 관여

에너지 대사(부족하면 만성 피로)

호모시스테인 수치 감소(황반변성. 심혈관 예방)
적혈구 생산(부족하면 빈혈)
기억력 감퇴. 알츠하이머 치료
정신질환 예방(행복호르몬 세로토닌 합성 관여)
부족하면 – 위축성 설염. 구강궤양
위 절제수술 후 나타남. 식욕부진. 변비
기억력 감소, 무기력감, 정신분열증

*코발트와 감마 나이프(gamma knife)
- 푸른 바다가 먼저 생각나는 cobalt는 원자량이 59 이다.
cobalt 원자량 60 – 원자로 속에서 인공적으로 만든 방사성 동이원소
-방사성 동위원소는 스스로 분해되면서 안정화되려는 성질이 있다.
이런 붕괴과정에서 생기는 물질을 방사선이라 하는데
종류가 5가지이다
1)알파선 2)베타선 3)감마선 4)X선 5)양전자선
이 중, 감마선을 의료용으로 이용해서 뇌종양, 뇌혈관질환을
치료하는 것을 '감마 나이프' 라고 한다
-코발트의 어원은 채굴할 때 야금이 어렵고, 광부들을 병들게 하는 등
마법을 부린다는 독일어 kobold(도깨비. 땅의 요정)이다

*猜忌(시기)
猜(시기할 시)-개(犭)는 푸른색(靑)을 못 본다고 시기
忌(꺼릴 기) -질투. 증오는 자신(己)의 마음(心)에서 비롯한다

*미네랄 – 세포의 안정
- 부족하면 : 고혈압

*아세틸콜린, 오메가 3, 콜레스테롤
모두 脂質 출신이네
脂肪(지방)이 좋은가 봐

서울에 있는 대학보다
지방대학이 뒤처지지 않으려면
이름을 바꿔볼까?
地方을 脂肪으로

스테로이드가 술(OH)을 먹으면

콜레스테롤(cholesterol)이란
담석에서 처음으로 발견(1913년)한 백색덩어리 고체
(chole 담즙+stereos 고체 + ~ol 알코올)라는 뜻이다
유동성 액체가 아니라, 고정된 고체이므로
스테로이드의 스테(고체)가 과하면
물에 녹지 않으므로 몸에 쌓여 붓는다
콜레스테롤의 스테(고체)가 과하면
물에 녹지 않으므로 몸에 쌓여 피가 막힌다

스테로이드에 수산화기(-OH) 하나가 붙으면
스테로이드 알코올이 된다
'스테로이드 알코올'의 줄임말이 '스테롤(sterol)'이다
OH(올)가 있는 알코올은 보통 '먹는 술'을 말하지만
화학에서는 수산화기(-OH)가
첫 번째 고리에 붙어있는 기본구조를 말한다
스테로이드 알코올(sterol)은 cholesterol 에서 유래된 단어일 뿐
먹는 술이 아니다
steroid는 sterol+oid (비슷한, like) 합성어이다

스테로이드가 있어야
세포들 간에 신호를 주고받으며 항염 효과와 면역력이 생겨
생명체의 기관과 조직이 잘 돌아간다

모든 동물세포(동물성 콜레스테롤)의 세포막에서 발견되는
지질(脂質 Lipid)인 콜레스테롤이 있어야
스테로이드 호르몬이 분비된다
지방 및 비타민D 등이 흡수된다
건강한 세포막을 만든다
남성 호르몬과 여성 호르몬을 만든다

*anabolic(짓다) androgenic(남성적) steroid=AAS
아나볼릭 스테로이드=남성적 특성이 뚜렷해진다
*단백질 동화호르몬 아나볼릭=테스토스테론 유사체
*Anabolic(=동화작용) 뜻 : 짓다
- 저분자에서 고분자의 물질로 합성되는 동화작용으로
에너지가 필요하다
*코티솔은 시상하부와 뇌하수체에서 조절한다

*동물성 콜레스테롤
식물성 콜레스테롤(phyto-sterol)

*동물성 콜레스테롤 (호르몬 원료, 원석)
가공된 호르몬 pregnenolone(프레그네놀론) -1) cortisol(생존 호르몬)
2) 테스토스테론
다음, 에스트로겐
- 스트레스 때문에 코티솔을 많이 생산하고
테스토스테론 생산이 적어지면
테스토스테론이 공격적인 디하이드로 테스토스테론으로 변환되어
전립선이 비대하게 된다

*지질 역할 - 1) 에너지 저장, 2) 신호전달, 3) 세포막 구성
*脂質 lipid 종류 -1) 세포막을 구성하는 '인지질'
2) 체지방을 구성하는 '중성지방'

3) 성호르몬을 구성하는 '스테로이드'
4) 기타 - 왁스(wax)

*포화(saturated) -인체에 지방이 '녹아 들어간다'
불포화 - 녹아 들어가지 않는다
*지질(lipid)은 물에 잘 녹지 않지만
탄소를 함유하고 있어 에너지를 만들어 낼 수 있는 유기물이다
기름을 먹어야(에너지를 만들어야) 살아갈 수 있다

*스테로이드가 술(-OH. 하이드록시기)을 먹으면 스테롤이 된다
덱사메타손-인류가 개발한 최고 강력한 소염제
아스피린보다 100배 강하다(항염증, 항알레르기 작용)
*산(酸)과 알코올(-OH)이 결합하면 물이 생성되고 이 물(H2O)을
제거하는 과정(에스테르화 반응)에서 에스테르(화합물)가 생성된다
*에스테르화=에스터화의 ester는
독일어 에시히 에테르(Essigather 식초 에테르)에서 유래
(예)아세트산+에틸알코올이 만나면 아세트산에틸이 생성
에스테르는 대개 휘발성향기를 지닌다
그래서 향수. 에센스(필수 기름), 과일 특유의 향을 만들 수 있다
아세트산 펜틸(바나나 냄새), 아세트산 헥실(딸기 냄새)
*아세틸콜린=acetyl(veneger 식초, 아세트산)
+ choline(복합지질성분의 비타민B 복합체)
-비타민 B에 식초를 친다(식초, 에스테르화)

*버드나무 껍질에 있는 살리실산과 아세트산이 만나
아스피린(aspirin)=아세틸 살리실산 acetyl salicylic acid)을 만듬
에스테르화 반응을 거쳐
부작용이 적은 아스피린을 만든 최초의 합성의약품
1) 혈액, 뇌장벽, 태반을 쉽게 통과
2) 부작용을 줄이고 약물효과는 더 많은 약품을 만든다
*아세트산=초산(醋酸)=acetic acid
-대표적인 카복실산 중 하나
-식초의 주성분으로 3~5% 함유

-신맛을 내기 때문에 초산이라 한다

-겨울철에는 쉽게 고체상태가 된다(氷醋酸 빙초산)

*아세틸기=메틸기 CH3 + 카보닐기 C=O

아세틸기(CH3CO-)는 아세트산(CH3COOH)에서

(-OH)가 떨어져 나간 것

*아세틸기(CH3CO -)에서 메틸기(-CH3)가 떨어져 나가면

아실기 (R-CO)가 된다

또는 카복실기(-COOH)에서 -OH를 제거하면 아실기(-CO)

*아실기는 다른 화합물과의 반응에 참여하여(에스터화 반응)

1) 새로운 화합물을 형성하거나

2) 분자구조를 변화시키는데 사용

*카복실산(carboxylic acid)이 알코올을 먹으면(에스테르 반응)

폴리에스테르라는 옷감용 실이 나온다

동물. 식물에서만 얻을 수 있는 옷감 대신 석유에서 실이 나온 셈이다

*카복실산이 amine과 결합하면 amide(아마이드 반응)

폴리아마이드(나일론) 옷감의 실이 나온다

알코올(-OH)에 초(초산·아세트산)를 치면 새로운 유기화합물 에스테르가 만들어진다

카복실산 중의 하나인 초(아세트산·초산)를
알코올에 뿌리면
서로 결합하여 물이 생기고
이 물(H_2O)을 제거하는 과정(에스테르화 반응)에서
특징적인 휘발성 냄새가 나는 에스테르(화합물)가 생성된다
이걸 이용해서 실용적이고 다양한 유기화합물을 만들 수 있다

일반적으로 향기(바나나, 오렌지, 사과 등 과일이나 꽃향기)를
지니고 있으므로 향수. 향료. 화장품을 만들거나 플라스틱.
합성 페인트 또는 폴리머 합성. 용제. 용매 등
다양한 용도로 활용되므로 에스테르 반응은
산업적으로 매우 중요하다

동물. 식물에서만 얻을 수 있는 옷감 대신
석유에서 실(絲)이 나오다니 이 얼마나 놀라운 일인가?

독일어 에시히 에테르(Essigather 식초에테르)에서 유래한
에스테르화 반응은 다양한 유기물을 합성하거나
구조를 변형시키는 중요한 반응이다

의약품의 경우에는

약물 분자 내에 에스테르 결합을 도입하면
약물의 용해도, 흡수율이 향상되고
약물 분자의 안정성과 대사 속도를 조절한다
버드나무 껍질에 있는 살리실산에
초(아세트산)를 쳤더니
부작용도 줄이고
혈액. 뇌 장벽. 태반을 쉽게 통과하는
더 좋은 아스피린(acetyl salicylic acid)이 만들어지니
얼마나 좋은 일인가?
코로나 유행 때 해열. 진통제로 유명한 타이레놀의
화학명 N-acetyl-para-aminophenol을 보세요
tyl + enol
초(acetyl의 tyl) 친 것 보이시지요

*물질과 물질이 만나 서로를 변화시키고
새로운 존재로 거듭난다는 것은
화학의 속성이요 매력이다
결혼하고, 아이 낳는 용기는 변화의 뿌리이다

*N-acetyl-para-aminophenol 줄임말 – 아세트 아미노펜. 파라세타몰

*신경계를 보면 온통 초(초산. 아세틸 콜린)를 뿌린다
A) 중추신경계 -아세틸콜린, 에피네프린, 도파민
B) 말초신경계
체성 신경 –Ach
자율신경 -교감신경 – 에피(아드레날린)
부교감신경 –Ach
뇌신경(12쌍) 뿌리들 - Ach
척수신경(31쌍) 뿌리들 – Ach

구심성 신경(감각신경)
원심성 신경(운동신경)
*신경전달물질 – 영양제
인지질(포스파티딜 콜린) 노른자
*포스타티딜=포스(그리스어: 빛. 광선)+타티딜(라틴어: 중요한 역할)
-광선. 빛에 의해서 활성화되는 화합물
*포스포러스, phos(빛)+phoros(운반자).
빛을 가져 오는 자, 빛을 전달하는 자
燐(인) P. 도깨비 불
산소에 노출되면 희미한 빛을 내기 때문에
새벽별인 금성의 이름을 따서 명명

*마요네즈(mayonnaise)=조미료. 소스. '식초+식용유+계란' 으로
만들어진 농축된 특수 소스. moyeu(노른자)+manier(섞다)
-마요네즈를 만들려면 기름에 식초를 쳐라
-노른자에 철이 들어 있으므로 '철' 들어라고 먹는다

알코올(-OH)이 요술을 부리면

스테로이드가 알코올(-=OH)을 만나면
콜레스테롤의 스테롤이 되고
살리실산이 알코올(-OH)을 만나면
아스피린이 되고
카복실산이 알코올을 만나면
옷감으로 사용하는 폴리에스테르가 되고
아세트산이 알코올을 만나면
과일향을 내는 아세트산 에틸을 만드니
먹을 수 없는 알코올(-OH)이 요술을 부리는 구나

*히드록시기. -OH. 산소+수소 공유결합. 水酸基
하이드록실기(hydroxyl group, hydroxy group)

서울 갈 때 KTX 기차를 타는 이유

서울 갈 때 돈 없이 무료로 가는 법도 있다
어떻게?
걸어가거나, 자전거로
기차, 비행기로 서울 가는 이유는?
돈이 들더라도 편하니까

고혈압, 고지혈증(콜레스테롤)을 값싸게 치료할 수도 있다
어떻게?
마그네슘+오메가 3(중성지방 억제)을 먹으면 고혈압이 치료되고
나이아신(B3 비뜨리)을 먹으면
고지혈증(콜레스테롤)을 삐뚤어서 치료한다

비싼 치료약이 나온 이유는
두 가지
하나는 편하고
다른 하나는 제약회사 이익 때문에

설령, 이런 사실을 알았다 해도
그러려니 하라는 마음의 날개가
툭툭 털며 날아간다

*오메가3 지방산(EPA.DHA) - 만성 염증, 중성지방 감소
기억력, 안구 건조 예방

고혈압 매일 3g 이상 먹어야(1,000mgx4알)
2mmHg~4.5 mmHg 감소

EPA(eicosapentaenoic acid), DHA(docosahexaenoic acid)
혈전용해 작용이 있으므로 수술 전에는 복용 금지

*오메가 폼(form)

A) 천연 魚油(fish oil)-크릴새우, 연어, 멸치 등등
1) TG(tryglyceride)

B) 가공 魚油(용량을 더함, 농축형)
2) EE(에틸 에스테르)
3) rTG(re -TG)
4) PL(phospher lipid 인지질, 대표상품: 크릴 魚油)

*오메가3 - 1일 치료량 -1700mg
일반 상품 1알 당 300mg 정도(EPA 180+DHA120mg)이므로 주의 요함
보통 한 알에 1,000mg씩 함유된 EE폼 1일 2알 복용하는 것이 가장 적정하다

*오메가3는 콜레스테롤 치료약의 효능이 좋기 때문에 먹지 않는 것이 좋다

*크릴새우는 fish의 원가절감을 위해서 대체하는 것이므로 먹을 필요가 없다

*세포막의 구성(인지질+단백질) -

1) 인(phosphate 燐)이 붙어있는 인지질(phospho-lipid)

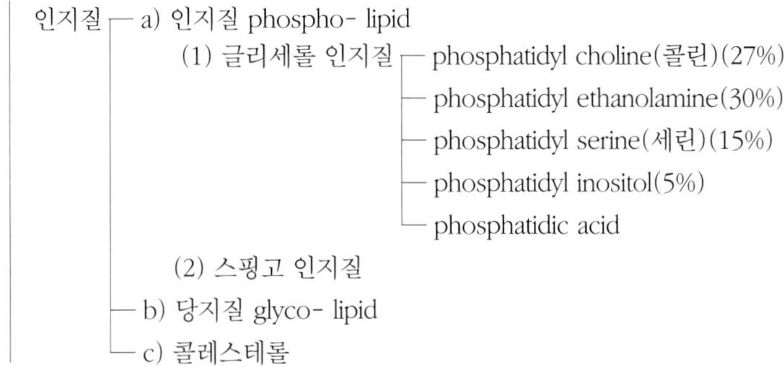

2) 단백질

*세포막이 손상되거나 변형이 생기면
-암, 피부질환(아토피), 신경질환(파킨슨. 치매), 뇌졸중, 심근경색의 원인이 된다

*기름은 기름에 녹는다(乳化劑 유화제)-
뇌(腦) 영양제, 포스파티딜콜린(세린)을 먹는 이유
-고체 지방이 혈액에 많으면 혈관이 막힌다
불포화 지방, 지방산, 유화제(레시틴) 등은
고체 지방과 쉽게 혼합되어 액체 상태로 만들어(乳化)
막히지 않게 잘 흐르게 하는 혈관을 만들어 준다
*포화지방산(고기. 상온에서 기름 덩어리), 불포화지방산(식물성 기름-액체)
*레시틴(lecithin) - 어원 lekithos(난황)
- 물과 기름을 섞이게 하는 독특한 성분
- 포스타티딜 콜린의 영문 일반 명칭
*레시틴=인지질 - 난황(노른자), 콩, 호두, 잣 등에 함유되어 있는
두뇌 발달에 좋은 성분
- 신경전달, 효소계의 조절작용을 해서
피로회복, 기억력 증대, 치매 예방, 뇌기능 활성화

*乳化(유화. emulsion)
emulsion=접두어 e(exit) 밖으로 나간다+mulsus 우유
=우유가 빠져나간다, 젖을 짜다
물과 기름을 친하게 하는 油和가 아니라,
미세한 입자로 된 액체가 다른 액체 속에 분산하여
젖모양을 이루는(乳濁液) 우유처럼 만든다
두 종류의 섞이지 않는 액체를 물에 유지방이 고르게 분산된
형체처럼(우유) 한 종류의 액체가 되도록 조작(emulsifier)
섞일 수 없는 물과 기름을 서로 섞어주는 중간다리 역할(유화제)
유화제 대표 식품 - 마요네즈 : 식초(물)+기름

*기름(=지질) - 1) 중성지방 - 식용유, 삼겹살 기름, 식품용 지질
2) 인지질(phos 빛+ phorus 운반자), P+지질
중성지방 - 물과 상극
인지질 - 물도 좋아하고(친수성), 기름도 좋아함(친유성), 2중 성격자
- 기름을 녹이는 성질이 있다
*phosphatidylcholine(포스파티딜 콜린=레시틴=인지질)의
1) 콜린은 신경전달물질인 아세틸콜린의 전구물질
2) 胃(위)에서 인지질이 지방을 잘게 부숴줘 소화하기 쉽게
3) 소장에서 담즙의 인지질이 지방을 유화시켜 소화·흡수 촉진

- 배 둘레의 중성지방(뱃살)을 녹여서 운동으로 태워준다

*燐=米, 炎 +어그러질 천 舛 (불이 어그러져 보이니 불이니 도깨비 불). P

- 생명체 필수 6대 원소 – CHO NPS(질소. 인. 황)
- DNA. ATP. 뼈(인산염). 세포막의 인지질
- 농약, 살충제, 성냥 등
- 도깨비 불 : 시체나 뼈속의 인이 공기 중에서 발화하면서 생긴다
- 탄산음료(콜라)의 인은 상큼한 청량감과 톡 쏘는 맛
- 식품업계의 팔방미인

  보습, 식감개선, 변질억제,

  결착성(접착제)-게맛살, 어묵 등을 단단히 뭉쳐서 쫄깃하고 탱탱한 느낌을 준다
- 공업용 : 녹 제거, 금속표면 처리제, 비료로 사용
- 칼슘의 흡수를 방해해서 칼슘결핍증(골다공증)을 일으킴

*education의 e=ex-out ~로부터(from) +duc(lead)

duke(라틴어 dux) 공작. 지도자, 군대지휘관, lead(이끌다). 리더

- 누군가를 가르쳐 세상 밖으로(e) 이끌어 내어 리더(duc)를 만든다

*ester와 emulsion(乳化) 차이

에스테르는 '에스테르화 반응'으로 생기는 특정 유기화합물이고,

에멀젼은 물과 기름처럼 2개 이상의 다른 액체가

섞여 있는 '산화반응'으로 생기는 혼합물이다

화학적으로나 물리적으로 서로 다른 개념이다

에멀전 부부와 에스테르화 자녀

결혼한 부부는
사랑의 결합이 일심동체(一心同體)라 해도
섞여 있는 乳化(유화 emulsion)일 뿐이고
그 품에서 탄생한 자녀야말로
에스테르화(ester)되어 감동으로 태어난 하나 된 작품으로
완성되는 우리의 이야기

신경은 기름을 먹고 자란다

신경(神經)은 기름을 먹고 자란다
치매 환자는 기름진 음식을 좋아한다
치매를 예방하는 아세틸콜린도 초를 친(acetyl 식초)
복합 지질 성분의 비타민 B 복합체(choline)이다
콜레스테롤(chole 담즙 + steros 고체 + ol 알코올)도
모든 동물세포의 세포막에서 발견되는 지질의 일종이다
너 이름이 뭐냐?
지방, 지질, 기름이라고
무조건 미워하지 마세요

*루게릭병 환자들은 지방이 필요하기 때문에 고기를 먹어야 한다

기름이 기름을 녹인다

오랑캐가 오랑캐를 다스린다(以夷制夷 이이제이)
암세포가 암세포를 죽인다
기름이 기름을 녹인다(乳化劑 유화제)

혈액에 고체 지방이 많으면 혈관이 막힌다
불포화 지방, 지방산, 레시틴(인지질) 같은 기름은
고체 지방과 쉽게 혼합되어 액체 상태로 만들어(乳化)
막힌 혈관을 잘 뚫어준다
以夷制夷
사람들이 포스파티딜콜린(세린)이라는 기름을
먹는 이유이다

*쓸개 빠진 사람들
중국 음식만 먹으면 소화가 안되고 속이 더부룩한 사람들은
담석 때문에 쓸개가 막혀 담즙의 인지질이 안 나와
지방을 유화시켜 소화·흡수 촉진 시키지 못하기 때문이다
치료는 쓸개를 수술로 제거한다(담낭절제술)

*비누 3종류
1) 세수용 비누(soap)
2) 혈관 청소용 비누
saponin 어원: sapona 그리스어, soap 영어. 거품이 일다
인삼, 콩, 도라지
3) 머리를 맑게 해주는 비누 – 명상(冥想)

6일간(六) 어두운데서(宀+日) 눈을 감고
차분한 마음으로 깊이 생각한다

하나님은 4개(援)의 손으로 우리를 救援하신다

하나님께서는 사람들의 기도를 들어주실 때는
3개의 귀를 붙잡는데 한 손만 사용하시지만(攝)
사람들을 구원(救援)하실 때는
너무나 사랑하시니까 4개의 손을 사용하신다
(援=扌+爪+屮 左+又)

우리 몸을 구성하고 있는 탄소도
하나님의 손처럼 손이 4개이다
4개의 손에 맛있는 과자(H)를 모두 들고 있으면
포화(지방산)되었다고 만족해서 고체형태로 있지만,
2 손에만 과자가 있고 나머지 과자 없는 두 손이
서로 붙잡고 있으면
불만스럽다고 불포화(지방산)라 하고
불안정해서 굳어지지 않는 액체로 존재한다(식물성 기름)

그래서 혈관의 피가 잘 돌고
혈전이 생기지 않는 좋은 점도 있지만,
수술 전에는 이러한 출혈성 때문에
오메가3 같은 불포화지방산 복용을 중지해야 한다

어린애들은 천사들이다

슈퍼마켓 사장이 착한 어린이에게
좋아하는 과자를 선물로 한 주먹 갖고 가라고 한다
반응이 없는 어린이에게 사장이 직접 과자를 주면서 묻는다
왜 과자를 가져가지 않니?
사장님 손이 더 크지 않아요?
으 하하하!

하나님의 손은 얼마나 크실까?
오고 갈 때 손이 필요 없다는
空手來空手去(공수래공수거),
이제야 그 뜻 알겠네

*하나님의 손, 救援의 援(손 4개)
授受 - 受(받을 수) 2개, 授(줄 수) 3개
받는 受業 (2개), 주는 教授 (3개)

어린애들의 기도소리

어떤 어린애가 큰 소리로 기도를 한다
목사님이 하나님은 작은 소리도 들으시니
조용히 기도를 하라고 하자 그 이유를 말한다
'하나님은 자전거 사주라는 나의 기도를 들으신 줄 알지만
아버지 들으시라고 큰소리로 기도를 한다'고

천국 가는 법

여러 학자들이 천국 가는 법에 대해서 토론을 했지만
시원한 해답이 없어 고민하고 있는데
어린애가 큰소리로 말한다
'죽어야 천국에 가지요'

*유대인들은 왜 하나님(God) 이름을 부르지 못하는가?

자녀들은 부모님의 이름을 불경스럽다고 함부로 부르지 않는다
대신 엄마 아빠라 부른다
이조 시대에는 왕의 이름을 함부로 부르지 않는다
대신 임금님이라고 부른다
하물며 유대인들은 어찌했겠는가?
유대인들 역시 불경스럽게 하나님이라 부르지 않고
대신 하나님을 가리키는 영광스럽고 존귀한 호칭인
주님(아도나이 Adonai 나의 주)이라고 불렀다
'너는 네 하나님 여호와의 이름을 망령되게 부르지 말라'는
10계명 중, 3계명 때문이다

하나님의 나라도
하나님이 아닌 '님'자 빠진 '하늘 나라(kingdom of God)' 라고 부른다
하나님이 통치하시는 '나라'라는 뜻인데,
사람들은 하늘 높은 곳에 있는 나라 즉
천국(Kingdom of heaven) 이라고 잘 못 부르고 있다

엉덩이가 보이는 곳

고등학교 다니는 학생들이 환자로 왔는데
대화중에 '힙. 햅'이라는 소리가 들린다

힙(엉덩이) 햅(hepatitis 간염)?
醫師들이 생각하는 그게 아니라네
Hot place는 잘 알려진 트랜디한 공간이고
Hip place는 상대적으로 덜 알려진 비주류공간으로
문화의 최첨단을 선도하는 곳이라네
병원으로 설명하면
소문난 병원은 복잡하고 오래 기다리지만
알려지지는 안 했지만
친절하고 대화를 나눌 수 있는 진료받기 쾌적한 병원을
'쿨(cool)하다'처럼 '힙(Hip)하다'고 한다네

*힙 플레이스(Hip place) -
현대적이고 스타일리시(stylish 멋진. 우아한) 하지만
알려지지 않는 곳이다
*'힙하다'라는 것은
hip은 hip joint(고관절)의 엉덩이가 아니라
근사한. 멋진, 신선하다 독특하다 뜻으로
유행에 민감하며, 독특하고 개성 있는 스타일이며
독특한 문화적 코드를 공유한 젊은이 들을 지칭한다
*hep(hepicat. hipster)과 발음이 유사한 hip을

slang(속어. 은어)로 사용한다

*Hip에는 Hip hop(근사한 단체)과
hipster(=hip+ 하다)가 있다

hip hop은 미국에서 발전한 음악장르로
랩. 디제이. 비트박스를 비롯한
음악, 춤, 예술, 패션, 그래피티 등의 문하를 말한다

hipster(=hip+ 하다)는
최신유행이나 세상물정을 잘 알고 있는 통달한
개성+멋+새로움을 갖춘 사람뿐만 아니라
상품, 색깔, 그림에도 사용한다
자기 세계관이 쿨하고
주류문화에 순응하지 않고(비주류세대)
패션과 외양을 중시하고 다양한 문화를 즐긴다
유행에 따르지 않고 빈티지 패션, 독립적인 음악과 아트같이
자신만의 독특한 개성을 추구
별난 취향을 가진 반항아
자유, 해방, 탈출을 답답한 사회현실

잘 알려지지 않는 음악. 예술에 대해 잘 알고 있는 사람
1940년대는 흑인재즈에 열광하는 사람들을 지칭하는 slang
1990년 이후에는 재즈가 아니라
인디영화, 음악, 독립영화. 예술에 열광하는 젊은이들을 지칭
주류문화가 아닌, 스스로 비주류, 대중의 지지에서 벗어난
대중의 흐름에서 벗어난 개성을 중시하는 비주류
hip+ster(~한 사람) -독특한 문화적 코드를 공유한 젊은이들을 지칭
hepatitis 간염
hepcat 스윙음악의 중독자
hep(최신정보를 알고 있는)+cat(재즈 애호가)
hipster - 유행을 쫓는 사람. 멋진 사람
- 스커트의 허리 기장이 짧아서
허리대신 엉덩이에 착용하는
허리선이 낮아진 멋진 사람

hop – 옛 영어 hoppian

뛰어 오르다. 도약하다. 춤추다. 뛰다

음악에서 리듬과 움직임을 나타냄

뛰는 것과 같은 활기찬 에너지를 상징하는 집. 단체. 집단

초 치지 마세요

보통 사람들에게는
초(식초) 치지 마라
다 된 밥에 재 뿌리지 마라
흥 깨지 마라

그러나 당에 입당한 사람들(당뇨병 환자)에게는
초 좀 쳐 주세요
왜?
잠자기 前, 사과 식초 2 숫갈 먹으면
혈당이 4~6mg 떨어지고
식사하기 前
발사믹 포도주 식초에 빵을 찍어 먹으면
혈당이 서서히 오르기 때문에

어디로 와서 어디로 가는지
모르는 당뇨병의 길
결국 합병증이 다가옴을 인식하라
받아들여라
카르페 디엠 Carpe diem 으로

*당뇨병이 잘 생기는 이유
글루카곤, 코르티솔, 갑상선호르몬, 성장호르몬, 아드레날린
혈당을 올리는 호르몬은 5개인데
혈당을 내리는 호르몬은 인슐린 하나뿐이기 때문이라네

타이레놀과 이부프로펜

진통제에는 두 가지 종류가 있다
해열 진통제와 해열 소염 진통제

타이레놀(아세트 아미노펜)은
화학명 N-acetyl-para-aminophenol 에서
tyl + enol 이란 이름이 생긴 '해열 진통제'이다
다른 진통제(게보린, 펜잘)와 달리 긴장성 두통, 편두통에
도움이 되는 카페인이 없으므로 내성이나 약물의존성이 없다

해열 소염 진통제에는
화학명 iso butyl propanoic phenolic acid에서
ibuprophen 이란 이름이 생긴 이부프로펜(부르펜. 애드빌)이다
해열에서 우수한 타이레놀보다
이부프로펜은 근육통, 생리통에 더 효과적이다

옛날 대표적인 소염진통제(+항혈전)는
아스피린(acetyl salicylic acid 아세틸 살리실산)이었다

타이레놀에도 acetyl(식초)를 뿌리고
아스피린에도 acetyl(식초)를 뿌린걸 보니
필수 아미노산(amino acid) 흡수를 높이는 물질인
식초가 좋긴 좋은가 봐

식탁에도 식초를 뿌려보세

*식초(食醋. acetyl=acetic. 라틴어 acetum)
vinegar(비니거, 비네걸) =vin(와인)+aigre(에거) 신맛, 시큼한
오래된(昔) 술(酉)에서 신맛이 난다

*아민(amine. amino) - ammonia(암모니아) 수소원자 화합물을 말한다
아미노산이 모여서 단백질을 구성

페놀과 폴리페놀

페놀은 단일 화합물이고
폴리페놀은 여러 개의(poly) 페놀단위가
결합하여 형성된 화합물로
강력한 항산화제이다

페놀은 주로 석유화학 산업에서 제조하지만
소나무, 잣나무 등 일부 식물에서
나무의 수액과 수지(樹脂) 또는 타르에서도 추출한다
이러한 자연적인 원천에서 추출된 페놀은 주로
방부제, 소독제 그리고 의약품, 화장품 원료로 사용된다

폴리페놀은 자연에서
다양한 과일. 채소, 견과류 등에서 발견되며
녹차, 커피, 레드와인 등에도 함유되어 있다

수액 흐르는 소나무 숲에서
페놀의 비밀을
과일, 채소, 견과류, 커피에서
폴리페놀의 비밀을
찾아 나선다
페놀과 폴리페놀에서 내뿜는 그 향기가
세상을 아로 새기는 그 순간에

자연의 품에서 고요히 울리는
페놀과 폴리페놀의 목소리가 들려오네
방부제. 소독제로 쓰이는 페놀과
심장질환 예방, 염증감소, 항암효과가 좋다는 폴리페놀의
그 존재의 빛나는 힘을

*페놀(phenol)=phene+접미사 –ol : 벤젠에서 나오는 화학물질의 이름
phene(어원: 그리스어 phainein) - 빛을 내다. 나타나게 하다. 보여주다
phen(표시되는 것. 밝은 것)+ ~ol (알코올) –밝은 알코올
phenos 표시되다. 향기를 나타내다
-프랑스에서 벤젠 대체 이름으로 사용
-밝히는 가스 제조의 부산물인 석탄 타르에서 발견
-흰색 결정성 고체로 강한 향기를 가지고 있지만
실제로 향기를 나나내는 화합물은 아니다
산뜻하고 깨끗한 향이 아니라
좋지 않게 느껴지는 강하고 화학적인 느낌을 주는 향기이다
그래서 강한 향을 가진 방부제, 소독제로 사용

*脂(기름 지). 脂肪(지방). 旨(맛볼지)

향기 나는 나무

나무에는 수액과 수지(樹脂)가 있다
신진대사를 돕고 수분을 운반하는 수액과 달리
보호 및 치료의 목적인 수지는
나무나 식물의 표면에서 분비되는
고체 또는 점성이 높은 지방성 물질의 액체로
주로 나무의 상처 부위에서 분비되며
공기와 수분 및 세균, 곰팡이로부터 나무를 보호하고
치유하는 역할을 한다

수지(樹脂)에서 향기가 나는 나무가 있다
향기를 보여준다는(phen) 뜻의 페놀이 대표적이다
프랑스에서는 벤젠 대체 이름으로 사용한다

라틴어 benzoin은 향나무 수지란 뜻이다
이 수지에서 benzoic acid(벤조익산)가 추출되었는데
이것이 후에 벤젠(benzen)이라고 불렸다

페놀, 벤젠
모두 '향기 나는 나무'란 뜻이었구만

*나무의 衣食住

나무는 이산화탄소(CO_2)를 마시고, 나는 산소(O_2)를 마신다
나무는 겨울에 옷을 벗고, 나는 겨울에 옷을 입는다
나무들은 차가운 바람이 부는 언덕에서 잎을 흔들며 춤을 추고
나는 나무가 선물로 준 따스한 집에서 자연을 삼키며 살고 있다

소염진통제를 먹을 때는 콩팥을 생각해봐

신수가 좋다는 옛말에
신은 腎臟(콩팥), 수는 물을 뜻한다
신장이 하는 일은 혈액의 노폐물을 걸러주고
영양물질과 물을 재흡수하는 것이다
신장이 나쁘면 얼굴이 꺼무텁텁해 진다

신장이 나빠지는(신부전) 이유는
서구화된 식생활, 스트레스, 운동부족 등으로 당뇨, 고혈압, 비만,
통증으로 시달리는 노인들의 소염진통제 남용 때문이다
신장의 사구체에서 혈액을 깨끗이 걸려주려면
일단 혈액이 신장 사구체로 잘 들어가야 한다

사구체로 들어가는 혈관 입구가 좁아져 있으면
혈액이 제대로 흐르지 못해
고혈압, 부종, 신부전으로 이어질 수 있다

소염 진통제는 통증을 일으키는 프로스타글란딘을 차단해 준다
한편, 프로타글란딘은 신장으로 들어가는 혈류량을 줄게 하므로
콩팥의 기능을 떨어뜨린다
소염진통제를 먹을 때는 한번쯤 콩팥을 생각해 봐

*프로스타글란딘=prostate(앞에 서있는 사람. 리더. 지배자. 보호자)
+gland(腺) + in(접미사)

-통증을 일으키는 물질

-전립선(prostate gland)에서 분비되는 물질에서 발견 되었다고 명명

*腎(콩팥 신) 과 賢(어질 현)

賢 -신하(臣)의 손(又)이 돈(貝)을 굳게, 賢明(현명)하게 잘 지킨다

-임금을 잘 보필한다. 굳게 재물을 지키는 것은 '어질다'

腎 -콩팥이 우리 몸(月)을 현명하게 굳게 잘 지킨다

緊(긴박할 긴) - 실(糸)로 단단하게 굳게 묶어서 '팽팽하다. 긴박하다'

- 緊張(긴장). 緊縮(긴축). 緊急事態(긴축사태)

*소염진통제를 먹을 때는 신장이 긴축해서 혈류양이 줄어 신장기능을 떨어뜨리므로 고혈압 환자들은 주의하세요.

그대 앞에 서다

전립선이 외친다
그대 앞에(pro) 서서(state)
당신을 보호하고 싶소

그대 앞에 서서
리더가 되고 싶소

그대 앞에 서서
모든 아픔(痛症 prostaglandin)을 막아주고 싶소

그대 앞에 서서
남자답고(prostate gland 전립선) 싶소

*stage=sta 서다. stand + ge(명사형 어미) 서는 것 = 무대. 상연하다
state=sta 서다+te(선 것) 명사형 어마 =서 있는 상태. 국가. 주
establish=e ~하게하다 + sta 서다 + blish(동사형 어미)
=서게 하다. 설립하다. 수립하다. 확립하다
pro – 앞에

*전립선(밤톨 모양. 20g)의 역할
1) 정액의 30% 생산
2) 정자에 영양공급 및 운동능력 향상
3) 전립선에 많이 있는 구연산과 아연이
요로에 존재하는 세균의 살균작용

그녀 앞에 서지 못하는 남자들

전립선 수술을 받으면
두 가지 후유증에 고생하는 경우가 있다
기저귀 차고 다니는 요실금과
그녀 앞에 서지 못하는 발기부전

발기부전은 수술할 때
음경해면체(海綿体)의 발기신경(해면신경) 손상
또는 골반기저근의 손상 때문이란다

해면체(sponge)는 잔구멍이 많아
솜(綿, 목화 솜 면. 실. 전 cotton)처럼
물을 쉽게 빨아들여야
빵빵하게 발기할 수 있는데,
해면체가 손상되었으니 안 될 수밖에

땀을 잘 흡수해야 좋은 옷이라 할 수 있고
소독이 잘 되는 면봉(綿棒 cotton swab)이어야
병원에서 환영 받을 수 있는 것처럼
해면체가 해면체 다워야한다

*帛(비단 백) -아무런 무늬나 색깔을 넣지 않는 흰(白) 비단 천(巾)

絲(糸) (실 사) - 누에가 뱉어낸 것. 비단 실
綿(이어질 면) - 가는 실(糸)을 연결해 비단(帛)을 짜다. 연결하다. 이어지다
*swab(스왑) - 하급선원이 배의 갑판을 대걸레로 닦다. 청소하다
면봉으로 소독하다
*면봉(綿棒) - cotton swab
棒(몽둥이 봉, bar, 작대기)

코 큰놈이 최고, 코큐텐(코엔자임 Q10)

아이고! 기운 떨어져
몸속의 에너지 공장(세포속의 미토콘드리아)이 데모하나?

몸을 구성하고 있는 60조개의 세포 속에는
기운을 만드는 미토콘드리아라는 공장이 있다
산소가 영양소를 연소(분해)시켜 에너지(기운)를 만든다
이때 코큐텐이 없으면 에너지가 만들어지지 않는다

에너지 비타민 코큐텐을 발견한
영국인 피터 미첼은 노벨화학상을 받았고(1978년)
에너지 비타민의 아버시라 불린다

코큐텐은 기운 보강뿐만 아니라
활성산소를 안정된 산소로 변화시켜
인체의 노화를 방지하기도 한다
코큐텐은 기름에 잘 녹는 성질이라
식사 후 섭취하는 것이 좋다(1일 100mg)

함께 작용하는 효소, 보조효소, 조효소, 작은 효소라는 뜻의
코엔자임(co 함께+ enzyme 효소)은
quinone 화합물의 첫 글자 Q와
이소프렌(isoprene)이 10번 반복된다고

코큐텐(CoQ10. Q10) 또는 비타민 Q라 부른다

코큐텐은 심장 속에 가장 많이 들어있기 때문에
심장 비타민이라고도 불리운다
심장은 하루에 10만번 이상 펌프질 하느라 에너지 소모가
가장 많은 장기이다
처음부터 많은 양을 먹으면 심계항진(心悸亢進)이 일어나므로
서서히 양을 높이는 것이 좋다

어느 약국에 기운 떨어진 영감님이 와서
코큐텐이 생각나지 않으므로
"코큰 놈 하나 주슈."

심장 뛰는 걸 느끼네

심장이 뛴다
뛰는 걸 느껴진다
이런 걸 심계항진(心悸亢進 palpitation)이라 한다네

심장병이 있어도 일어나지만
긴장한 경우에도 나타난다니 우선 안심이 된다

벼(禾)의 아들(子)은 볍씨(季)이다
볍씨를 갈무리 하는 시기는 겨울이다
겨울은 4계절 중 가장 늦으므로
'끝, 막내'라는 뜻이 생겨
季를 '끝 계, 막내 계, 계절 계'라고 한다

살아가면서
맨 끝(季)으로 낙오되었을 때 마음(忄)은 어떠할까?
심장(忄)이 뛴다
두근거림(悸 두근거릴 계)은
두려움(悸 두려워할 계)으로 변한다

*어둠이 짙어지는 12월은
두려운 맨 끝이지만
비로서 빛의 시간이 시작한다

빛이 귀했던 수백 년 전
어둠이 두려웠고
맨 끝이라 무서웠던 인류는
왕과 신을 기리기 위해 빛을 조각했다
빛은 말없는 위로가 된다
심계항진 환자들에게도

*부정맥 -심장이 너무 뛰거나, 천천히 또는 멋거나
부르르 떠는 등 박동에 문제가 있는 상태
*부정맥을 일으키는 오적(五敵)
- 흡연, 고혈압, 당뇨, 비만, 콜레스테롤

용종

대장 내시경을 했더니
용종이 있다네
茸腫(용종)?
처음 들어보는데

鹿茸(녹용)은 사슴의 뿔이다
대장에 뿔이 생겼다고?
뿔 난 아줌마들처럼 성질내서 그럴까?

신라의 역사는 天馬와 함께 시작한다
시조 王 박혁거세는 알을 낳고 하늘로 올라간
흰 말의 자손이다
경주 천마총에 발굴된 천마도에도
유니콘처럼 뿔이 달려있다
신성하다는 신화적인 스토리텔링을 씌운 거라면
나의 대장에 생긴 뿔 역시 신성한 것 아닌가?

醫師 왈 그 뿔은 癌이 될 수도 있으므로
제거하라는 말에
신성하다는 잠깐의 환상이 좋다 말았네

용종(茸腫) - 점막에서 증식하여 혹(polyp)처럼 돌출한 양성종양
- 위, 창자, 방광, 코 등에 나타남
- 양성종양이지만 간혹 악성(선종)이 될 수 있다

茸(무성할 용, 풀날 용)

腫(종기 종, 부스럼 종)=月+重
-몸이 무거워지고 아프면서 생기는 종기

鹿(사슴 녹) -사슴 모양, 몸(广)+눈(西)+다리(比)

鹿茸(녹용) -사슴의 뿔

유니콘(uni 하나+ corn 뿔) -상상 속의 뿔 달린 동물

*동양 최고의 名馬 -적토마(관운장)
서양 최고의 명마 -부케팔로스(알렉산더 대왕)
뜻: 소(牛)처럼 머리가 크다고 '소머리'

*알렉산더 대왕이 명마를 타고 동쪽으로 달린 이유
- 그림자에 놀라는 말 때문에 동쪽으로 달리면 그림자가 안 보이기 때문

*orintation - 앞으로의 방향(진로)에 대한 예비교육이나 안내
orient - 해 뜨는 곳

호산나, 謝肉祭와 四旬節

호산나(우리를 구원하소서), 호산나(hosanna)
하나님 나라의 확장을 위한 것이 아니라
세상적인 구원과 축복을 주라고
사람들이 종려나무를 흔든다
그 뜻이 이루어지지 않자
사람들은 예수님을 배척하고
예수님은 십자가에 죽으시고 부활하신다

그 후, 사람들은
모세 시내山 십계명 40일, 엘리야 호렙山 기도 40일,
예수님 광야기도 40일을 본떠서
예루살렘에 입성한 그날을 기념한다고
부활절 이전 40일간(四旬節)을
금욕으로 참회한다

더 웃기는 것은
종려나무를 태운 후 생기는 재로 이마에 십자가를 그리고
40일간 금욕(육고기와 성욕)하는 사순절(lent)에 앞서서
3일 또는 7일간
신나게 즐기는 謝肉祭(canival)를 갖는다는 것이다
예수님이 깜짝깜짝 놀라실 것 같다

*종료나무=대추 야자나무
-존경, 기쁨, 승리, 번영, 부활을 상징
-프랑스 칸영화제 황금 종료상
*젖과 꿀이 흐른 가나안 땅
-양의 젖, 종료나무 열매가 태양열에 녹아 마치 꿀같이 흐르는 모양
*여호수와(헬라어: 예수) 뜻 -구원

*復活(부활)의 復(다시 돌아올 부)
= 갔던 길(彳)을 사람(人)이 자기의 발자국(日)을 따라
천천히(夂) 돌아오다
- 죽었다가 다시 죽을 몸으로 되살아나는 蘇生(소생)이 아니라,
영원히(永生) 살아나는 것이라(고전 15:4)

*謝肉祭 -고기(肉)를 감사히(感謝) 먹는다
carnival=carne(고기)+ vale(안녕)
謝(사례할 사) - 화살이 활시위를 떠날 때, 관직에서 물러날 때
그동안 입은 은혜에 어찌 감회가 없겠는가?
'감사'
謝는 원래 사양의 의미가 있는데, 사육제의 謝는 감사로 표현

*430년 만에 이스라엘 백성이 애급을 탈출한 이유(출애급기)
인간은 20Hz(좌우 성대가 1초에 20번 부딪힘)부터
2만Hz까지의 소리를 들을 수 있다.
이 중에, 인간이 가장 편하고 매력적으로 듣는 소리는 440 떨림(Hz)이다
그래서 천사의 소리(하나님의 소리)라고 한다
아기들 우는 소리, 엄마의 심장 고동소리, 뱃고동 소리,
전화 뚜뚜 소리, 소프라노, 테너가 440 떨림의 영역이다
유대인들이 애급에서 430년간 노예생활을 한 이유는
440번의 공포의 떨림을 통해 하나님의 매력적인 소리를 들어
라는 의미 아닐까?
어린애들이 하루에 400번 이상 웃는 것도
440번의 떨림을 통해서 하나님의 음성을 들어 라는 의미 아닐까?
*오보에의 A4(440Hz)는 오케스트라의 모는 악기의 기순이 되는 수파수이다
자연이 내는 소리의 기준이 되는 주파수는 432 Hz이다

*先知者. 예언자의 豫. 預
창 닮은 모(矛. 창 모) - 矛盾(모순)
矛에서 丿(별)하나 내가(나 여.予) 주었다고 (줄 여. 주다 여 予)
預金(예금)의 預(내 머리로 기억하고 맏겼다고 '맏길 예')
*豫(미리 예)와 預(미리 예) -'미리 예. 맡을 예' 뜻이 같다
預는 코끼리 코처럼 미리 머리로 생각한다. 일본한자로 뜻은 '맡길 예'
豫는 중국한자로 뜻은 '미리, 사전에'
*성경은 중국을 통해서 번역되었으므로 豫言者(先知者) 뜻이 있으나
사실은 '하나님의 맡겨 논 말씀을 대신해주는 대언자' 가 옳다?
*豫(미리 예. 즐길 예 豫園)
- 코끼리(象)는 입으로 먹기 전 코가 먼저(미리) 나온다
- 豫防(예방) : 미리 예방
- 醫豫科(의예과) : 어려운 의과대학을 미리 알아본다

원숭이 두창

코로나가 사라지니까
이제는 원숭이 두창(Monkey pox=M pox)이 유행이라네
옛날에는 닭이 걸리는 수두(Chicken pox)가 유행이었는데

pox(팍스)는 피부에 생기는 뾰뾰이 같은 물집(농포 postule)인데
가렵기 때문에 긁고 싶고, 트고 싶다
매독의 물집은 크다고 great pox
그에 비해 水痘의 물집은 작다고 small pox라 한다네
水痘는 피부에 붉고 둥근 발진이 생겼다가
얼마 뒤에 수포로 변한다고 생긴 이름이고
痘瘡(small pox=天然痘)은
콩과 같이 생긴 물집이라고 붙은 이름이다

원숭이 두창이란 이름 때문에
피해를 본 원숭이들이 로비를 많이 했는지
방송에서는 Monkey의 M 자를 따서 엠팍스(M pox)라고 한다네

*엠폭스의 감염경로는 비말전파, 환자와의 접촉
증상 : 발열, 오한, 요통, 두통, 발진(얼굴, 입, 손, 발, 가슴, 항문생식기)
예방 : 엠폭스 백신

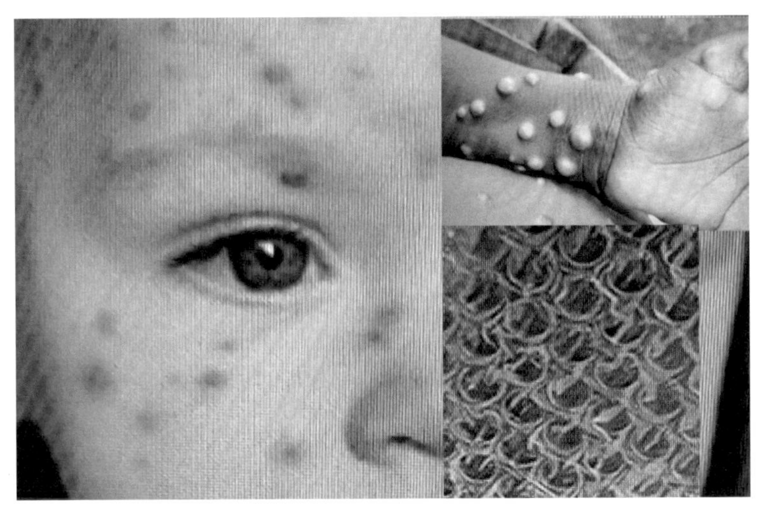

*倉, 蒼, 瘡, 創

- 倉(곳집 창)=지붕 人 + 지게 호 戶 + 저장고 口

  창고, 營倉(영창), 감방(cell)

  戶(지게, 출입구의 외짝문) - 所. 肩, 扁

  合(합할 합) 사람(人)의 입(口)이 하나로(一), 키스

- 創(지을 창) -창고를 짓는다. 創造
- 蒼(푸를 창) -푸른 숲에 둘러싸인 창고. 蒼空
- 瘡(부스럼 창) -병(疒)이 가득한 창고

종기(부스럼)와 보일러

가스를 태워 뜨거워지게(boil. 끓다. 끓이다. 삶다)하는
기계를 보일러(boiler)라 하고,
피부가 스트레스로 열불 나서(boil) 곪은 부스럼을
병원에서는 boil(腫氣, 종기)이라 한다네
(gum boil 잇몸종기, 치은 종기, pus, abscess, furuncle)

보일러는 18도 정도의 일정온도에
자동으로 항상 놔두는 것이 좋다
보일러를 껐다 켰다하면
0도에서 원하는 18도에 오를 때까지
시간도 더 걸리고
고약스런 종기처럼 연료비 폭탄으로 시달리기 때문이다

보글보글 끓어오르는(boil) 물방울의 모양 때문에
의료계에서는 boil을 종기(부스럼)라고도 한다
항생제 발견 이전 조선시대에는
王들마저(문종, 효종, 정조) 종기로 세상을 떠날 정도로
무서운 병(病)이었다

운동이나 공부도 간혹 하는 것 보다
매일 끊임 없이 하는 것이 더 좋은 이유라고
시끄럽게만 느껴졌던 보일러가
고맙게도 나를 일깨워주네

Monkey 와 Donkey

그림 그릴 때 캔버스(화판)를 받치는 삼각형 모양의 틀을
네델랜드語로 이젤(esel)이라 한다
당나귀가 짐을 나르는 모습과 비슷하다고
또는 이젤 앞에 걸터앉아 그림을 그리는 모습이
당나귀를 타고 가는 모습과 비슷하다고
'이젤'이라는 이름이 생겼다네

캔버스는 유화를 그릴 때 쓰이는 평직물로
돛. 천막. 배낭 등을 만들 때 사용되는
大麻布(대마포)를 일컫는다

"잘 생겼다고 뽐내는 Monkey가 Donkey에게 질문을 한다
"Donkey는 당나귀라는 뜻 외에 바보. 멍청이.
고집이 세고 멍청하다 뜻이 있다면서.
머저리와 바보 차이가 무언지 아나?"
Donkey가 대답한다
"너같이 결례된 질문을 하는 Monkey는 머저리이고,
그런 질문에 대답하면 바보라고 한다네."

마이코플라즈마 폐렴

중국이 코로나로 세계를 놀라게 하더니
이번에는 마이코플라즈마 폐렴으로 또 문제를 일으키네

산스크리트 語 플라즈마는
플라(원초적)+즈(생명, 물, 목숨, 생물체)+마(에너지의 모임, 물질)
생명 원초적 에너지 물질이란 뜻이다
물리·화학에서는 물질의 기본상태인
고체, 액체, 기체 다음 4번째 물질상태라 한다
마이코(myco=myke)는 곰팡이란 뜻이므로
마이코플라즈마는
곰팡이와 유사한 생물체(plasma)이다
세포벽이 없으므로 일반적인 항생제로는 치료가 힘들며
테트라사이클린 계열의 독시사이클린이 도움이 된다

폐렴은 아직 예방백신이 없다
폐렴 원인 중 하나인 포도상 구균만 예방한다는 뜻인데
폐렴이란 단어 때문에
폐렴 구균 백신을 폐렴백신으로 오해하는 사람들이 많다
개인 위생관리가 최선의 예방책이다

빈대와 빈대떡

옛날 녹두가 귀한 시절
특별한 손님에게 대접했던 빈대(賓待)떡
가난한 사람들에게도 나누어 주었던 빈대(貧者)떡
맛있고 고마운 떡이었다

빈대떡이
떡볶이처럼 세계적인 K-Food 반열에 오르지 못한 이유는
침대 밑에 숨어 있다가
밤에 사람의 피를 빨아 먹는
침대 벌레(bed bug)
빈대라는 이름과 닮아서일까?

작은 일 때문에 큰일을 그르친다는 뜻의
'빈대 잡다가 초가 삼간을 태운다'
남에게 붙어서 이득을 보는 사람들을
'빈대 붙는다'
나쁘게 소개된 속담 때문일까?
장미꽃이 그렇다고 고개를 끄덕이면서 눈짓한다

*賓(손님 빈) =집(宀)에 적은(少) 돈(貝)이라도 들여서 대접하니 '손님'
殯(빈소 빈) -시체(歹 살바른 뼈 알)를 손님(賓)처럼 모셔두니 '殯所(빈소)'
貧(가난할 빈) -재물(貝)을 나누니(分) '가난하다. 모자라다. 빈혈(貧血)

닭

유럽에서는
교회 지붕 꼭대기에 닭이 있다
하늘과 통하는 중계역할을 하는 영물이라고

우리나라에서는
닭을 서민의 비타민이라 한다
보양식도 되지만 힘을 복 돋아 주는 정신치료제이기 때문에

전통 혼례에서는
암탉과 수탉을 마주보게 한다

세상을 떠날 때는
닭은 귀신을 쫓는 영물이라
상여 꼭대기에 붙어있다(꼭두 닭)
죽은 자에 잡귀가 달라붙지 못하게 하고
삶에서 죽음으로 가는 길을 인도하는 길잡이가 되어주기 때문에

나는 행복하다
훌륭한 길잡이가 되어준
닭띠 마누라 때문에

닭은 새끼와 어미가 동시에 뛴다(啐啄同時 줄탁동시)

알에서 나오기 위해서는
새끼가 안에서 쪼면 동시에 어미 닭이 밖에서 쫀다
아남팎으로(안팎으로, 안과 밖)

미국 캘리포니아에
줄탁同時 닭처럼
아남팎으로 복을 주고받는
In and Out 햄버거 가게가 있다
신명기 28:6 에 나오는
In and Out 말씀처럼
들어가도 나가도
하나님의 말씀에 순종하는 삶을 살아가므로
복을 받는다

내가 문(羊의 門)이니
누구든지 들어가며 나오며(요한 10:9)
나로 말미암아 구원을 받으리라

김수환 추기경님은 그 걸 아신 분이다
그의 묘비명에 쓰여 있는 걸 보면
'주님은 나의 목자시니, 나는 아쉬울 것 없어라(시편 23:1)'

주님은 나의 목자시니 내게 부족함이 없으리로다
주님은 나의 목자시니 내게 모자람이 없으리로다
주님은 나의 목자시니 내게 우열함(잘나고 못남)이 없으리로다
주님의 은혜(히브리어: 헤세드)를 잊지 않도록 믿음을 주옵소서

*優劣(우열)
優(넉넉할 우(우수하다. 배우)
- 사람이 남의 일을 근심할(憂) 만큼 '넉넉할 우'
劣(용렬할 열, 못할 열) -힘에 부친다
*足(발 족, 넉넉할 족) -명사(발), 형용사(충만하다. 채우다)
발로 갔으니 '발'
원했던 마을에 도착했으니 '충분하다'
*滿足함을 아는 사람은 가난하고 천하여도 즐거울 것이요,
만족함을 모르는 사람은 부하고 귀하여도 근심 하느니라

*In & Out
계절(봄·가을)은 오고 가고(in & out)
꽃은 피고 지고(in & out) 하는데
왜 인생은 늙고 늙기만(out & out) 하는가
예수님만 믿으면 젊고 늙고(in & out) 해지니
얼마나 고마운 일인가

하나님 우편에 앉아계신 이유

예수님이 하늘에 오르사
하나님 우편에 앉아계신 이유는?
하나님께서 예수님의 기도를
더 잘 들으시라고

하나님의 형상을 닮은 사람들은
오른쪽이 더 잘 들린다
브로카 영역(말하기)과 베르니케 영역(듣기) 등
언어중추는 뇌의 왼쪽에 위치하면서
신체에서는 좌우로 거꾸리 지배하기 때문이다

羊의 門에 계시는 예수님도
오른쪽 귀를 양들이 있는 쪽으로 향해서 누워 계신다
양들의 소리를 더 잘 듣기 위해서

백화점 숙녀용 구두 매장에서 판매원들이 고객의 오른쪽에
위치한 이유도 더 잘 듣기위해서 인가요?
아니요.
여성은 왼발이 80~90%에서 더 크기 때문에 상대적으로
작게 보이는 오른발을 먼저 신겨야 손님이 마음에 들기 때문이지요
으 하하하!

이 세상에서 가장 행복한 놈은 누구인가요?
예수님이 십자가에서 죽을 때
당신의 나라에 들어가실 때 저를 기억해 주시라는
말 한마디에 천국에 들어간 우편에서 죽은 놈이지요.

*어린애들의 청각은 여자애가 남자애 보다 10배 더 민감하다
고로 교실에서는 남자애들을 앞줄에 배치해야 주의력이 산만해지고
학습의욕이 떨어지는 것을 예방할 수 있다
*우측 귀는 왼쪽보다 더 잘 듣고,
우측 해마는 태어난 이후 모든 것을 기억한다
*五覺 중, 남성은 시각을, 여성은 청각이 더 발달되어 있으므로
기도는 여성들이 훨씬 잘 한다
*春(봄 춘) : 여성 3(三) 사람(人)이 모이면 시끄러워서 접시가 깨진다
잠자던 해님(日. 하나님)도 시끄러워서 잠을 깬다

*남左여右 -잠 잘 때, 제사 지낼 때, 세배 드릴 때
결혼식 입장할 때 – 주례 측에서 보면 신랑(동쪽, 좌측. 양)
신부(서쪽, 우측. 음)
- 하객 입장에서 보면 –신랑(우측), 신부(좌측)
*임금이 南面(북쪽에 앉아 남쪽을 바라봄)하면
해 뜨는 동쪽이 좌측(양), 해 지는 서쪽(음)이 오른쪽에 해당
고로, 좌의정(양)이 우의정(음) 보다 높다,
*우리나라- 좌측이 해 뜨는 동쪽이고 양이므로 좌측이 상석

대통령과 함께 사진을 찍을 때는 왼쪽이 상석
국무총리 또는 장관이 왼쪽.
결혼식 때 남左여右

*서양에서는 반대 –우측이 상석. Right(우측. 올바른 정의. 저작권. 정확)
하나님과 함께 사진을 찍을 때는 오른쪽이 상석
예수님이 우편에 앉으신 이유
기독교에서는 오른쪽이 주의와 권위를 상징하는 위치
스탈린과 함께 사진을 찍을 때는 오른쪽이 상석
모스크바에서 상석인 자신의 오른쪽에 김일성,
그다음 자리인 왼쪽에 박헌영을 앉혔다

*우리나라 –원래 神의 자손(단군조선) 그래서 조상 탓을 한다.
姓氏가 앞에 온다
서양(기독교) –神으로부터 선택된 민족 그래서 내 탓이요. 姓氏가 뒤에 온다

*우리나라는 앞쪽이 남쪽(南山)
- 남대문(성곽의 정문. 국보 1호. 서울 관문의 상징)
성경에서는 앞쪽이 동쪽(해 뜨는 쪽. 에덴동산)

*예루살렘 성전의 문이 동쪽에 있는 이유(동대문):
- 성전에 들어올 때는 어두운 삶의 문제를 갖고 들어오지만,
나갈 때는 해 뜨는 동쪽을 향해 소망을 갖고 나가도록

*반 고흐가 왼쪽 귀를 짜른 이유
- 듣고 싶지 않는 소리를 적절히 취사선택하여 삶의 고단함과 타협할 줄 몰랐던 고흐는 아마 하나님 소리를 더 듣고 싶어서 그랬지 않았을까?

왼쪽 귀를 제거
거울을 보고 그린 그림으로 오른쪽 귀로 보인다

*베니스, 곤돌라 뱃사공들이 오른쪽에 서서 노를 젓는 이유
베네치아의 좁은 수로를 두 척의 배가 지나가기 위해서는
운신의 폭을 좁히기 위해 배의 경사면이 좌측으로 기울어져 있다
왼쪽으로 기울려져 있는 곤돌라(뜻: 흔들리다)의
균형을 맞추기 위해 뱃사공이 오른쪽에 서서 노를 젓는다

*우측통행 - 맞은편에서 달려오는 위험한 차량을 바로 볼 수 있기 때문
- 바다에서는 우측 통행
- 회전문, 공항 게이트는 우측 통행

*좌파와 우파
- 18세기 프랑스 혁명 때 사용된 개념
왕을 없애자는 파(공화파)는 좌측에,
왕을 살리자는 파(왕정파)는 우측에 앉게 된 후부터

	시장경제		호칭		자유	
좌파	정부 개입	평등. 공정복지	선생. 동지. 동무. 함께 -조직력(强)	분배	자유(-) 평등, 급진적, 혁신적	돈오돈수 *反美 주한미군철수
우파	자율 자유시장	개인 소유권 인정	선생'님' 개인 -조직력(弱)	성장	자유(+) 점진적, 보수적	돈오점수

*빨치산(빨찌산 partisan) - 정규부대에 속하지 않는 무장 전사
또는 공산당원. 유격대원. 게릴라전. 비정규전을 벌이는 사람들
parti(프랑스어. 파르티. 당파). partizano(이탈리아어. 파르티자노)
빨갱이 - 빨치산(partisan)에서 유래. 깃발(赤色), 쏘련 군대(赤軍)
- 좌익이나 공산주의자를 비하하는 말
*남북 분단이 좋은 것은 아니지만, 대한민국의 발전과 기적은 분단의 결과이다

羊의 門과 소(牛)의 문

양의 門에는 예수님이 계시고
소의 門에는 누가 계실까?
우문현답(愚問賢答)이므로
우리의 문제는 현장에 답이 있다는
현답이 계시겠지요

닭이 먼저냐? 알이 먼저냐?

계란은 만병통치약이고,
콜린이 있어 치매예방에 좋고
항산화제(지아잔틴, 루테인)가 있어 눈이 맑아지고
비타민(A, D, E, 리보플라빈, B12, 엽산)과 칼슘이 풍부하고
오메가 3가 있어 혈중 중성지방을 떨어뜨린다

조리할 때는 온천달걀(반숙 계란)을 추천한다
흡수율이 91%이기 때문에(날계란 51%)
삶은 달걀은 레시틴, 비타민 B군이 약간 감소하기는 하지만
발모작용을 하는 비오틴은 올라간다
국민 비타민이라고 칭송받는 계란도
비타민 C가 없다는 약점이 있다
그래서 열을 가한 토마토를 계란과 같이 먹으면 흡수율도 좋아지고
계란에 부족한 비타민 C와 식이섬유를 보충할 수 있다
시금치는 계란 속의 철분 흡수를 방해하므로 피하는 것이 좋다

닭이 먼저냐? 알이 먼저냐?
알이 먼저라고 생각된다
왜?
머릿속에 視床(시상 thalamus)이라는 계란이 2개 있지 않는가?
하루에 2개만 먹어라는 뜻도 되겠네요

*동물이 소리에 반응하는 회로

깨어 있을 때는 – 청각신경레서 '청각 시상핵'으로 소리신호를 전파

깊은 잠(비램 수면)에 있을 때는 – 청각신경이 뇌간신경을 통해

'배내측 시상핵'으로 소리를 보내 뇌를 깨운다

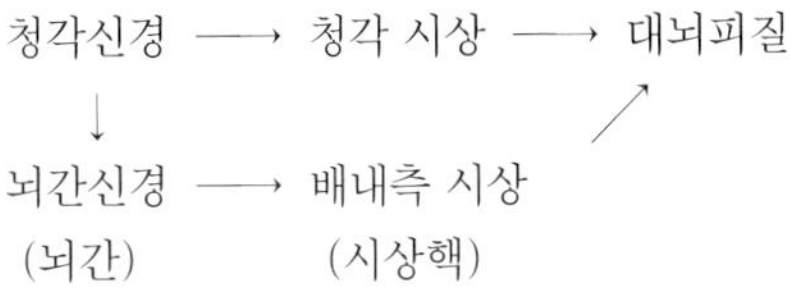

*視床(시상 thalamus) -크기 : 아몬드

- 눈에서 시신경이 통하는 통로
- 감각정보의 대부분은 시상을 통하는 시신경에 의해서 전달받는다
- 대뇌·소뇌·뇌간의 교차점에 위치한 정보의 중계센터
- 가장 중요한 기능 : 뇌하수체를 통해서 신경계와 내분비계를 연결

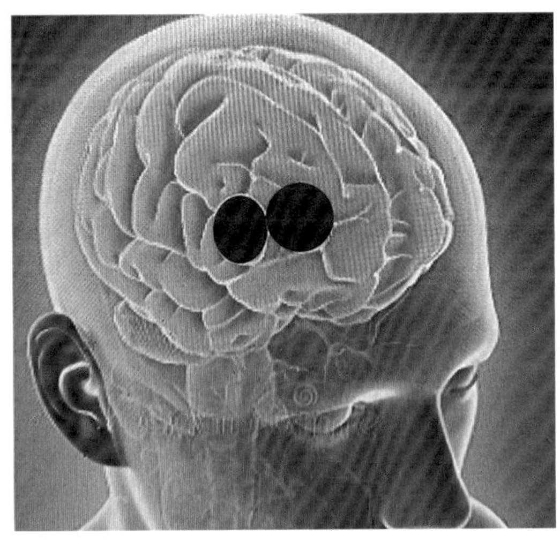

*시상(talamus) - 아몬드 크기의 계란. 좌우 1개씩 2개

*시상(알)을 통해서 감정이라는 병아리가 태어난다

*시상 주변에는 뇌척수액(腦脊髓液 cerebro-spinal fluid CSF)이 있다.

1일 500cc 생산 후 흡수되고 보통 100~150cc 남아 있다.

뇌를 외부의 충격으로부터 보호하는 목적도 있지만,
도리도리를 통해서 뇌척수액의 파동을 일으켜 뇌와 척추를 자극하면
자연치유력이 활성화 되고 뇌의 노화를 방지 할 수 있다(뇌 명상)

*시상(視床 thalamus)
머리속에 달걀이 좌우 1개씩 2개 있다던데 그 이름은?
시상(세상 사투리)에 시상(視床)도 몰랐단 말이야?
시상이라?
평상(床, 긴 의자, 침상, 잠자리, 회의실, 덩어리)에 올라가서 본다(視)고?
눈에서 視신경이 통하는 통로라고?
바로 본다는 견성(見性), 깨달음이란 뜻인가?

처음에는 시각이 모든 신경의 중심이라 생각해서 視床이라 명명했지요
그러나 후각을 제외한 11쌍의 뇌신경이 시상에 모여
외측 슬상핵(lateral geniculate nucleus)은 시각(視覺. 외시)
내측 슬상핵(medial geniculate nucleus)은 청각(聽覺. 내청) 등
시각·청각·촉각·미각 등의 감각적인 정보를 처리하는
회의실(비서실. 덩어리)이란 것이 밝혀졌지요

뇌는 3층 집이다
1층은 뇌간(생명의 뇌)
2층은 시상을 둘러싼 변연계(감정의 뇌)
3층은 대뇌(이성의 뇌)

시상을 둘러싼 둘레길(邊緣系 변연계 limbic system)에는
뇌활(fornix). 해마(hippocampus). 편도체(amygdala) 등이 있고
기억·학습· 감정을 담당한다고 '감정의 뇌'라고도 하고
또 맛과 향기를 기억한다고 '과거의 뇌'라고도 하지요

달걀봉사
- 소경. 杖님. 奉事. 盲人. 시각장애인. 눈 뜬 장님

달걀봉사(달달봉사, 당갈봉사, 당알봉사)는
겉으로 보기에는 눈이 멀쩡하나 앞을 못 보는
당달봉사의 방언이다
달걀에는 치매를 예방해주는 콜린,
눈을 보호하는 루테인,
황반변성을 예방해주는 오메가 3가 풍부하다
문제는 오메가 3와 오메가 6의 비율이 1:4일 때가 좋은데
1:15로 오메가 6가 과잉이 되면
오메가 3를 억제시켜 황반변성을 일으켜
달걀봉사(실명)가 될 수 있다는 사실이라네

고백 합니다
나는 교회에서 눈뜬장님(당달봉사)이라네
神을 볼 수 없으니까

*올리브 오일의 등급
extra(특별한) virgin(신선한) -처음 짜낸 신선한
virgin -숫처녀, 성모 마리아, 자연 그대로, 성경험이 없는 처녀
lampante-등잔에 넣는 기름. 오직 공업용

*오메가 3: 혈전생성 방해. 뇌출혈
오메가 6: 혈전생성

*수술환자는 출혈 때문에 아스피린. 오메가 3를 피해야 한다

*春(봄 춘) -3 여인이 접시가 깨질 정도로 큰소리치니
겨울잠 자던 해님이 봄에 일어난다
奉(받들 봉) -세(三)여인(女)이 합심하여 접시 깨지 말고
손(扌)을 모아 받들고(廾) 봉사(奉事. 奉仕)하라

*소경 –순수 우리말
장님 - 杖(지팡이 장)+님
奉事(받들어 섬긴다) - 조선시대 종 8품 관직명
奉仕(봉사한다)
奉讀(봉독) - 남의 글을 받들어 읽다

고막(鼓膜)과 고자(鼓子)

소리를 전하지 못하는
귀 먼 고막은
북처럼 속이 텅 빈 고막(鼓膜)일 뿐이고
피(血)를 통해서 행복의 씨를 전하지 못한 고환은
고환(睾丸. 睾=血+幸)이라 하지 않고
북(鼓)처럼 속이 텅 빈 고자(鼓子)일 뿐이네

콩(豆)을 열 개씩(十) 먹어야(口)
피(血)를 통하는 행(幸)복의 기쁨(喜)이 오는데
먹지 않고 북을 두드리기만(支) 하니
사기는 오를지언정 鼓子의 슬픔은 사라지지 않는다네

*支 (칠 복. 지탱할지)
- 鼓(북 고) : 북을 나뭇가지로 두드리는 모양.
- 肢(팔다리 지) : 신체(月)의 가지(支)는 팔다리

*膜 (막 막. 꺼풀 막)
- 莫(없을 막) 해(日) 위아래 풀(++)가 가린다 ,
아래 大는 ++의 변형

소리 성, 聲

악사(士)가 尸자 모양의 옥돌을
막대기로 치는(殳 몽둥이 수)
악기 소리(聲)를
귀(耳)로 듣는다
眼눈으로 형상(色)을 보고
鼻코로 향기(香)를 맡고
舌혀로 맛(味)을 보고
身몸으로 감촉(觸)을 느끼고
意뜻으로 마음(法)을 일으킨다

六根(육근. 眼.耳.鼻.舌.身.意)과
六境(육경. 色.聲.香.味.觸.法)이
불협화 되면 6x6=36
과거. 현재. 미래 36x3=108
108 번뇌가 생기므로
108배로 겸손하게 엎드려 절하고 치유 받아야한다

風聲鶴唳(풍성학려)
바람소리와 학의 울음소리
겁을 먹은 사람은 하찮은 일이나 작은 소리에도
몹시 놀라서 聲聲
聲討(성토)하거나 聲明書(성명서) 내지 말고

뿔이 있으면 이빨이 없다는
角者無齒(각자무치)의 평등사회 이니까
번뇌 없는 편안한 마음으로 살아보세
나무관세음보살
할렐루야

*六根
-根 뜻: 그물. net. 몸의 기본이며 뿌리
물고기 잡듯 모든 현상들을 눈.귀.코 등 그물로 모두 잡는다
*六境 -色界. 聲界. 香界. 味界. 觸界. 法界
-먼지처럼 사람의 마음을 더럽히기 때문에 六塵(육진). 六賊(육적)이라 함
*守眞志滿(수진지만), 逐物意移(축물의이)
- 진리를 지키면 마음이 흡족하지만, 물질을 쫓으면 생각이 변한다(見物生心)
- 욕심이 발동하면 뜻이 흔들려 갈팡질팡 흐려지네
- 쿠팡(Coupang) -쿠폰이 팡팡 터지는 곳
*百八煩惱(백팔번뇌) -괴로워할 번, 괴로워할 뇌

떡볶이

떡볶이를 많이 드세요
왜?

말(口) 한마디로(一) 돈(田) 달라고 기도하고(示)
입으로 짓고 마음으로 받는
福은 쉽게 보인다

德澤에 치료를 잘 받았다는 것은
상대가 은덕(澤)을 베풀어 주었다는(德) 뜻이다
德은 몸으로 짓고 행위로 받으므로 어렵다
德 쌓기는 두 눈 부릅뜬 것보다 더한
열(十)눈(目)을 부릅뜨고
한 눈 팔지 말고 길을 똑바로(直) 잘 가기가(彳) 힘들다
才勝薄德(角者無齒)이라고
재주가 있는 자는 덕이 부족하므로
떡(德)국이나
떡복(德福)이를 더 많이 먹어야 하지 않을까?

*澤(못 택)은
- 물이 바다까지 보이는(4개의 눈目이 다행히幸 엿보다)
- 늪(氵)으로 가뭄에도 메마르지 않는 혜택이라는 뜻이 담겨있다
*재승박덕(才勝薄德)

- 재주는 많으나 덕이 부족하다
- 덕 없이 머리만 좋은 사람
- 재주(才)가 있으면 門도 스스로 닫는다(閉 닫을 폐)
  남들과 타협하지 않는다

*德의 본 글자 悳

*薄(엷을 박) 풀(艹이 물(氵)에 펴지면 '엷어진다'

*膊(팔뚝 박. 포 박)- 고기를 얇게 펴서 말린 포

二頭膊筋(이두박근)=위팔 두 갈래근(팔 알통)

-매우 얇 은 근육. 머리가 2개인 팔뚝근육

*博(넓을 박) - 열배(十) 이상으로 펴다

博士 -열배 이상으로 풀어먹는 사람들

눈감고 한 발로 서는 재주(才)

나무(木)는 사람의 양다리처럼 서 있어야
안전하다
한 쪽 다리로 서 있는 것은
재주. 재능이 있어야 한다

자기 자신(身=自+才)을 튼튼한 몸이 되도록
스스로(自) 재주껏(才) 가꾸어야 한다(身 몸 신)
돈(貝)도 재주껏(才)모아야 한다(財. 재물 재)

눈감고 한 발 서기 재주(才)는
뇌(腦) 건강상태와 비례한다
10초 이상 유지하면 60대 두뇌라네

*1분 이상 서 있으면 - 30대 두뇌(頭腦)
30초 〃 - 40대 〃
25초 〃 - 50대 〃
10초 〃 - 60대 〃
5초 〃 - 70대 〃
3초 〃 - 80대 〃

*한 발로 서는 재주(才) & 말로 나무 심는 재주(藝)
埶(심을 예. 재주 예) -땅에 둥근(丸) 씨를 심는다
땅(부동산)이 최고야(둥근 엽전 있으면 땅에 투자)
熱(더울 열) -땅에 불(灬)이 심어져(埶) 있으니 덥다

藝(재주 예) 말(云)로서 초목(艹)을 심으니(埶) '재주'

-심은 나무(執)와 풀(艹)이 잘 자라도록 비(云)를 내려

무럭무럭 자라게 하는 솜씨

勢(형세 세) -초목을 심는 경작지가 넓어야 세력권이 커진다

形勢. 氣勢. 權勢

*云(구름 운. 말하다 운. 이를 운)

-추운 지방에서 말을 하면(말하다)

입 밖으로 나오는 입김의 모습이 구름 같다(구름)

*執(잡을 집)=幸+丸

-다행히(幸) 알(丸)을 얻으니 잡다

알(丸)을 얻으면 땅에 심어야(埶) 하는데

잡는 것이 執着(집착)이다. 버리기가 힘들다

*蟄(숨을 칩. 겨울잠 잘 칩)-벌레가 겨울잠을 지키니(執) '숨다'

驚(놀랄 경.) -말(馬)을 갑자기 몽둥이(攵)로 때리면

구부렸다가 펄쩍 뛰며 놀란다

경칩 –땅속에 칩거하던 벌레나 개구리가 놀라 깨어나기 시작한다

*九=손을 구부려 팔꿈치를 꾸부린 모습

丸(둥굴 환, 알 환 -손(九)으로 굴리는 알(丶)은 '둥굴다'

仄(기울 측) - 언덕(厂)에서는 사람이 당연히 기울여진다

反(돌이킬 반) - 손(又)으로 기어서 절벽(厂)을 되돌아 올라간다

*坴(언덕 륙)

*睦(화목할 목) -눈(目) 높이를 언덕에 맞추어라. 상대방 눈에 맞추어라

-사진 찍을 때는 카메라에 눈을 맞추어라

- 예수님 눈에 맞추어라

주 예수보다 더 귀한 것은 없네

*和(화목할 화) - 벼(禾)를 나누어 먹는다(口)

和睦 – 같이 밥 먹으면서, 상대방 눈을 맞추어라

같이 밥 먹으면서, 귀한 예수님의 눈을 맞추어라

凱旋門(개선문)과 콩

山에서도 콩이 나오니 '어찌(어찌 기.豈)' 신기하지 않겠는가?
이런 콩(豆)을
平凡하게(凡=几+丶) 자루(几)에 넣지 않으면서 공기만 쌓고 (丶)
나무 가지로 두드리고만 있으니(鼓)
鼓子(고자)가 될 수밖에

공기 대신 자루(几. 궤. 책상. 안석)에 콩(豆)을 담아
하루에 10(十)개씩 먹고(口) 기뻐함은(喜)
전쟁터에서 승리해 개선문(凱. 개선할 개)을 지나가는
황제 또는 장군의 잔치를 '즐기는' 기쁨과 같으니라

*㫃(깃발 언) -사람(人)이 사방(方)으로 들고 다니는 '깃발'
旅(나그네 려. 여) -깃발(㫃) 아래
사람(氏)이 지나가니 '나그네. 여행'
旋(돌 선) 깃발(㫃)을 흔들면 발(疋)이 움직이니 '돌다' 旋回
안석(几=丿+乙) 몸이 굽도록 늙은 사람이 편안히 기대어
앉을 수 있는 물건(安席)
*白凡(白丁+凡夫: 平凡한 사람)

주먹과 회전근개 파열

몸(月)을 구부리고(关) 힘(力)을 쓰면 '이긴다(勝利)'
拳鬪(권투) 할 때 손(手)을 구부린(关) 것이 '주먹'이다(拳, 주먹 권)
사내(夫)가 팔자(八)로 걸으면 어깨가 '구부려진다'(关. 구부릴 권)
구부리고(关) 활동하면
등 근육이 늘어나서 굳게 되고
어깨뼈(견갑골 肩胛骨)가 움직이는데 통증을 느낀다
이런 것을 회전근(어깨 회전하는 4개의 근육)의 뚜껑(蓋)이
찢어져서 생기는 회전근개 파열이라 한다

*勝(이길 승). 優勝
*肩(어깨 견)-몸(月)에서 지게문(戶)처럼 쩍 벌어진 어깨
*胛(어깻죽지 갑. 어깨뼈 갑) -몸에서 제일(으뜸) 중요한 곳
*鴨(오리 압) -새 중에 으뜸은 오리. 오리 요리가 으뜸
*甲 첫 번째, 껍질. 갑옷 피질. cortex, cortical

*허리를 굽힐 때 통증이 사라지면 –척추관 협착증(권투 할 수 있겠네)
허리를 굽힐 때 통증이 더 심해지면 –허리 디스크

*关(주먹 권, 구부리다)
*卷(책 권)-구부리다. 무릎(㔾)이 구부린 것처럼 책이 구부러지고 펴진 모양
*倦(게으르다 권) -자세가 구부러진 사람은 반듯한 사람보다 게으르게 보인다
-倦怠(권태)

활(弓)

활은 무섭다
그 무서운 활이 머릿속 뇌들보(뇌량 腦梁 corpus callsum) 밑에
C자 모양(초생달)으로 두 개의 달걀(시상)을 감싸고 있다
활을 뇌궁(腦弓, 뇌활, fornix)이라 한다
감정 기억을 담당하는 해마체에서 일어난 신경섬유 다발이며
앞은 공포를 담당하는 편도,
중간은 굽어진 활(弓),
끝에는 해마와 함께 기억을 담당하는
유두체(mammillary body)가 있다

활은 맞는 사람이나 맞히는 사람이나 두렵다
활 속에 있는 편도가 나빠지면 두려움이 없어지고
활 속에 있는 해마가 나빠지면 과거의 기억은 남지만
새로운 기억을 받아들이지 못하므로
과거에 머무르게 된다
해마는 스트레스에 약하고
우울증 환자의 해마는 10%가량 크기가 적다

*뇌량(腦梁) -
梁(대들보 량. 들보 량)= 氵+창+木,
- 물을 칼날로 가로지르듯 놓인 들보 나무
刅+丶(칼날 강조하는 점)=비롯할 창. 다칠 창. 해칠 창. 벨 창

명량(鳴梁)대첩. 양산(梁山): 아름드리(대들보) 나무가 많은 산

鷺梁津(노량진)-백로(白鷺)가 노닐던 나루터

鷺(路+鳥) 해오라기 로, 백로 로.

-떼를 지어 수로나 육로(路)를 따라 질서 있게 이동하는 새(鳥)

-까마귀 노는 곳에 백로야 가지마라

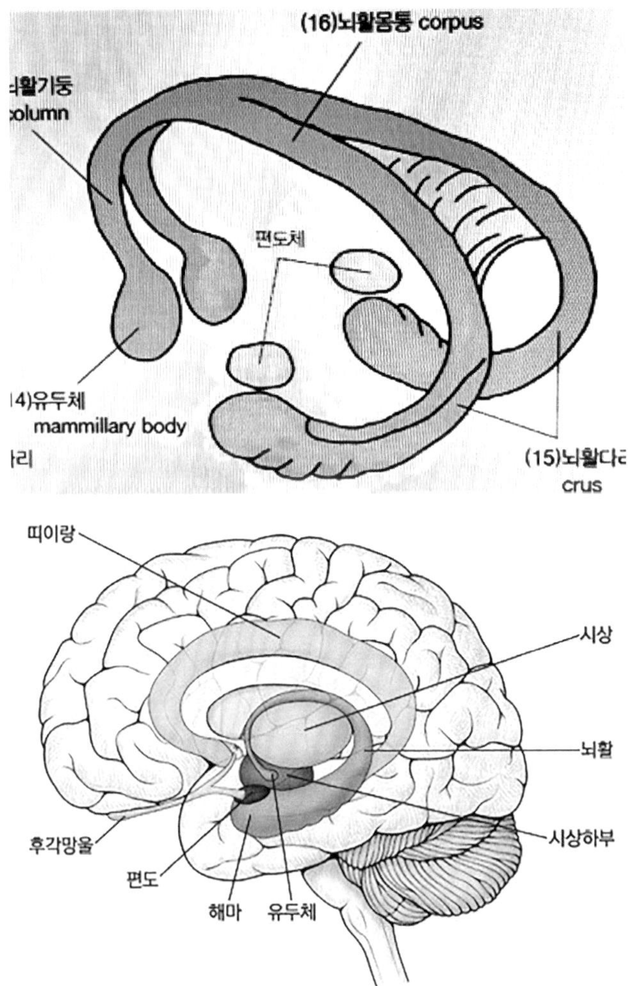

편도가 크면 보수주의자

공포, 불안의 감정을 주관하며
생존투쟁을 위한 중추적 역할을 하는 편도는
위험하다고 판단되면 아드레날린을 분비하여
흥분하는 교감신경을 활성화 시킨 후
혐오감을 일으킨다
혐오감은
동성애를 거부하고
이민자에게 반우호적이 된다

뇌(腦)의 편도가 크면
참과 거짓을 구분하지 못한 성향이 있어
거짓 정보가 더 많이 유통한다
기성세대가 정당하고
더 바람직하다고 생각한다
舊官(구관)이 名官(명관)이라고

*소뇌(小腦)는 연습을 통해 향상되는 신체기능 담당이라
 각종 스포츠, 걸음마(보행), 손동작, 무의식적인 몸동작 등으로 클 수 있다
 - 오랜 악기를 연주한 음악가들의 소뇌(小腦)는 일반인 소뇌보다 크다

입천장(口蓋)의 편도(扁桃)

扁桃를
동양에서는 작은(扁. 작을 편) 복숭아(桃)처럼 생겼다고
편도(tonsil)라 하고
서양에서는 아몬드(almond)처럼 생겼다고
amygdala(편도체)라 한다
편도는 여러 종류가 있는데
입천장(口蓋)에 딸린 편도(tonsil)는 구개(입천장)편도라 하고
뇌(腦) 속에 있는 편도는 amygdala(편도체) 라고 한다

입천장을 덮는다는 '덮을 개(蓋=++ + 去 + 皿)'는
밥뚜껑의 뚜껑처럼
풀(++)뚜껑이 그릇(皿 명)을 덮었다 열었다(去 거)
한다는 뜻도 있지만
淵蓋蘇文(연개소문)의 蓋처럼
높고 뛰어나다는 뜻도 있다

연개소문은 고구려의 밥(국민)을 따뜻하게 해주는
중요한 밥뚜껑(蓋)이고
국민의 病을 지켜주는 입천장의 편도였다네

*去(갈 거)=土+厶

　흙에 마늘(厶)이 많으면 냄새 때문에 '가다'

法(법 법) -물(氵)처럼 정확히 가니(去) '법'

*扁(작을 편) -한쪽 문짝(戶)에 걸린 작은 대나무패(冊)

파랑새

두 개의 달걀(視床) 밑에
파랑새(腦幹 뇌간. 줄기 stem) 한 마리 보인다
파랑새는 잘생긴 머리(中腦 midbrain)와
소뇌, 제3. 4 뇌실과 통하는 큰 가슴(腦橋 뇌교 pons)
그리고 큰 가슴 밑에
날씬하게 숨 쉬는 숨 뇌(延髓 연수)로 구성되어 있다

의사들이 응급실에서 환자의 눈에
불빛을 비춰보는 이유는
환자들의 예쁜 눈을 보려는 것이 아니고
파랑새(뇌간)가 살아 있는지 여부를 알기 위해서이다(뇌간반사)
눈에 불빛을 비출 때
동공이 줄어들면(동공반사) 정상이지만
동공 크기에 변화 없이 줄어들지 않으면(동공확대)
중뇌(中腦) 손상을 의미한다
사망하였거나 사망 직전 상태이므로
생명 유지 장치 연결 여부
장기 기증 여부(뇌사 상태)를 결정하는
생명 위험도를 판단하는 중요한 지표이다

*빛과 관계있는 腦 중에서 가장 작은 中腦의 역할

1) 안구운동 조절
2) 눈 감으면 깜빡임 조절
3) 호르몬, 체온, 식욕조절
4) 소뇌와 함께 평형감각 유지

희망의 상징 파랑새, dollar bird

'새야 새야 파랑새야 녹두밭에 앉지 마라
녹두꽃이 떨어지면 청포장수 울고 간다'에서는
파랑새 (파란 옷을 입은 일본군), 녹두장군(전봉준), 청포장수(백성)이지만
사실은, 키가 녹두콩처럼 작다고 이름 붙은 녹두장군 전봉준의 성씨에서
全=八+王, 팔왕새 - 파랑새가 유래되었다 함

한편, 미국인들은 파랑새의 날개에 있는 커다란 흰무늬가
1달러 은화(화폐단위)를 닮았다고 dollar bird라 한다
*돈 여자 : 참조 - dollar 은화 1불 $

*내 안에 파랑새가 있는 걸 모르면
유목민(역마살) 유전자가 마음을 흔들어 댄다
밖에서 파랑새를 찾으려고
*글 쓰는 유전자 – 책을 계속 발간한다
불안의 유전자 –집안 청소를 부추긴다
*역마살(驛馬煞)
- 전국을 돌아다니며 활동하던 말처럼 계속 이동하며 떠돌아다니는 팔자
- 항상 이리 저리 떠돌아다니는 팔자
- 외국에 이민가면 좋은 팔자
- 火(불 화 ,,,,)+及(急의 약자)+攴(攵 칠 복) : 불같이 급하게 친다
- 煞(죽일 살) -옛날에는 역마처럼 빠르게(急) 이동하라고 매맞는(때리다. 攵칠 복)
나쁜 운이었지만, 지금은 세계를 무대로 활동하는 좋은 운이다
*及(미치다 급. 이르다 급)=人+又
- 다른 사람(人)의 몸에 손(又)이 미치다. 이르다

級(등급 급)-실(糸)로 표시 한 곳까지 이르다, 미치다
急(급하다 급)=人+ㅋ(又 손의 변형)+心. 應急(응급)
사람의 손이 무언가 잡고 싶은데 잡히지 않을 때 마음이 급해진다
吸(숨 들이쉬다 흡) -입을 통해 공기가 폐에 미치다. 이르다. 呼吸(호흡)
*應(응할 응)-집(广)에서 사냥을 위해 사람(人)이 키운 새(隹)는
마음(心)을 아니 '응하다' '응응 yes yes 하는 새'
*鷹(매 응) -사람이 집에서 기르는 새(隹)가 새(鳥)잡는 새(鷹)
*응급(應急)- 급하게 응하다

*乃 이에 내, 이에 그리하여 곧이어
=了(마칠 료. 마치다)+丿(삐침 별. 비롯되다)
시작부터 끝까지(마침까지) 비롯되는 과정이 연이어 일어난다(연결동작)
*秀(빼어날 수) -벼(禾)에서 이어(이에) 곧 열리는 곡식이 빼어나다
携(이끌 휴)- 새에게 손짓하면 곧이어 하늘높이 날아간다(이끌린다)
盈(찰 영. 차다. 가득하다) -곧이어 행동을 반복하면 그릇에 가득찬다
孕(아이 밸 잉) -결혼하면 곧이어 아이가 생긴다
*成乃 -이어서 곧이어 이루어진다. 꿈은 이루어진다

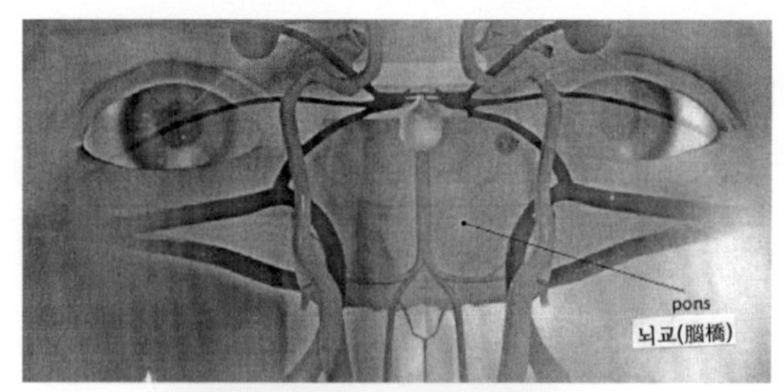

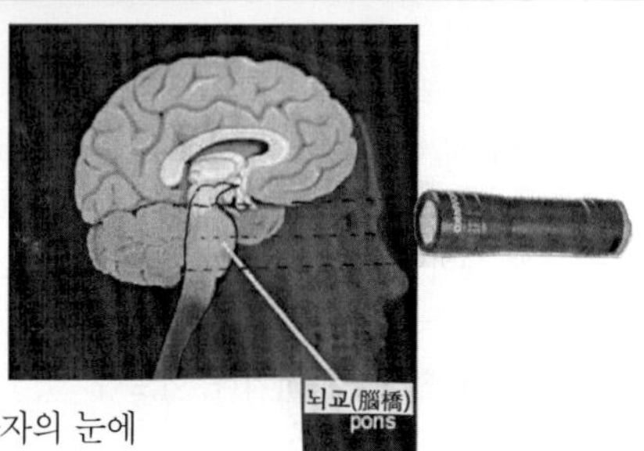

의사들이 환자의 눈에
불빛을 비춰보는 이유는
환자들의 예쁜 눈을 보려는 것이 아니고,
파랑새(腦幹)가 정상으로
살아 있는가를 보기 위함이다.
젊은이들은
무지개 너머(over the rainbow)에
파랑새가 있다고 상상한다.

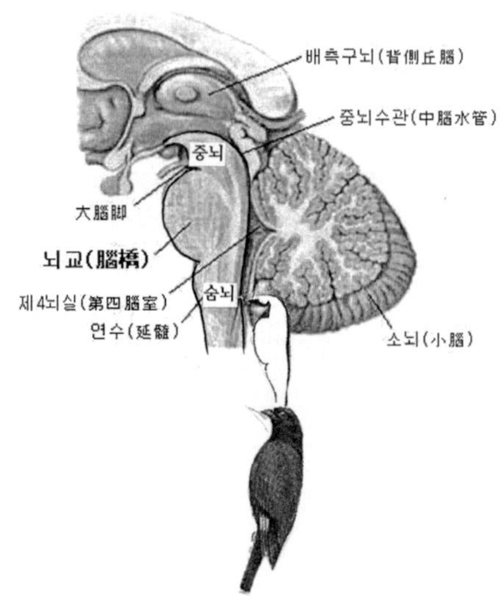

인생은 닭과 달걀이다

인생은 지구와 함께 항상 돌고 돈다
아이가 어른이 되고, 어른이 아이 되는 삶의 순서는
누가 먼저라 할 것 없이 시계처럼 돌고 돈다
닭과 달걀 같은 삶이다

인생은 자랑으로 시작해서 자랑으로 끝난다는
베르나르 베르베르 작 '웃음'에 그 해답이 있다

2세에 똥오줌 가린다고
3세에 이가 난다고
12세에 친구가 생긴다고
18세에 자동차 운전한다고
20세에 섹스 한다고
35세에 돈 많이 번다고 자랑한다

65세에 돈 많다고
70세에 섹스 할 수 있다고
75세에 자동차 운전 한다고
80세에 만날 친구가 있다고
85세에 치아가 남아 있다고
90세에 똥오줌 가릴 수 있다고 자랑한다

흙에서 태어나 흙으로 돌아간다
한곳에서 출발하여 원을 그리고 다시 그곳으로 돌아온다
인생이란 삶의 얼룩을 지워 주면서 돌고 도는 여행이다(Tour)

*성장의 아픔은 육신을 버릴 때 끝난다
육신은 은퇴하지만, 영혼은 은퇴가 없다
*travel 장거리 여행(고통). Trip 짧은 거리 여행
Tour 특정한 계획을 세운 후 여러 곳을 돌아다니는 여행
- 라틴어 토르누스 tornus 돌아옴. 원형. 관광
vacation - 바캉스, 휴가, 방학, 무엇으로부터 자유로워진다
vacate 비우다+ ion(명사)

계란 잘 삶는 법

씨앗(종자 種子)도 무거운(重) 것이 좋은 것처럼
식염수에 담가서 가라앉는 무거운 계란이 신선하단다
삶을 때는 살살 한 방향으로 회전을 시키면,
회전하는 물체는 균형을 유지하므로
노른자가 중력에 의해서 아래쪽으로 치우치지 않는다네

은퇴한 분들 잘 들으세요
끓는 물에 식초나 소금을 넣어주면
두부 만들 때 간수와 같이 흰자가 단단해지고 식감이 좋아진다

삶은 후 계란을 찬물에 담가두면 껍질 벗기기가 좋고,
노른자의 검푸른 색 대신
먹음직스러운 황금빛의 노른자를 만들 수 있다
황금 좋아하는 인간들
죽어서도 금 빛나는 길(黃泉길) 간다고 하지요

*계란의 단백질을 구성하는 시스테인이라는 아미노산이
황(S)을 포함하고 있기 때문에
가열되면 검푸른색의 원인물질인 황화수소(H2S)가 발생되어
노른자에 포함된 철과 반응하여 검푸른색의 황화철(FeS)을 만든다.
삶은 계란을 찬물에 넣어두면 황화수소의 확산 속도가 느려져
노란색의 노른자를 유지한다.

신경 좌우 교차와 易地思之(역지사지)

우리 몸의 신경은 左右가 교차되어 있어
왼쪽 머리에 중풍이 생기면 오른쪽 팔다리가 마비된다

좌뇌가 왼쪽을, 우뇌가 오른쪽을 각각 담당한다면
서로의 상호작용이 없어 좌우 뇌(腦)가 충돌하게 된다
빨강바지와 파랑바지 중에 하나만 입어야 하는데
두 가지 바지를 모두 입게 된다는 뜻이다

處地(처지)를 바꾸어서(易 바꿀 역) 생각하는(思)
易地思之를 아는 우리 몸의 신경은 정말로 현명하다

*교차의 원인은 아직 정확하지는 않지만
신경교차가 없는 무척추동물에서 척추동물로 진화하는 과정에서
몸의 장기가 180도 좌우로 꼬이게 되었다는 설(somatic twist hypothesis)
*사람의 심장 – 2개(양심), 뇌 2개(좌우)
문어의 심장 3개, 뇌 9개(머리+8개 다리) -뇌를 없애도 다리동작이 가능

가해자와 피해자, 누가 먼저 용서를 주어야 하나?

가해자와 피해자
누가 먼저 용서를 해주어야 하나요?
피해자
왜?
피해자는 당연히 억울하지요
이것이야 말로, 진정한 하나님의 사랑이기 때문이라네

*공자님이 추천하시는 글자 하나는?
- 용서의 서(恕 용서할 서),
- 남과 같은(如, 역지사지) 마음(心)이니 '용서하다'
*경쟁하지 마라, 져주는 것이 행복하다
이순신 – 必卽死必卽生(필즉사 필즉생), 죽기를 각오하면 반드시 산다
예수님 – 십자가에 죽으려 오셨다
競(다툴 경) - 서로 兄이 되려고 경쟁

*지구가 태양 주위를 공전할 때, 얼굴(북반구)을 태양(하나님) 쪽으로 내밀면 따뜻한 여름(용서).
반대로 태양 반대쪽으로 얼굴(북반구)을 내밀면 겨울이 된다
(참조 : 겸손하라)

제비와 귀리(oat) , 燕麥

唐代 詩人 白居易(백거이 772~846)의 詩에
참새가 쑥을 싫어하는 제비집에
쑥을 넣어 제비 둥지를 뺏는 기막힌 사연이 나온다
그런데도 피해자인 제비는 용서를 주었네
그래서 그런지 제비는 건강할 뿐더러
흥부를 부자로 만들어 주는 능력까지 받지 않았을까?

원산지인 메소포타미아에서
중앙아시아를 거쳐 중국에 처음 전파된 보리를
중국에서는 하늘에서 내려주었다고 생각했기 때문에
來(올 래. 오다) + 긴 뿌리를 뜻하는 夂(치)를 더해
보리모양을 본뜬 麥(보리 맥)이란 글자를 만들었다

봄이 와서 풀(艹)이 싹트니
북쪽(北)에서 따뜻한(灬) 남쪽으로 오는 제비(燕)가
좋아하는 먹거리가 귀리이기 때문에
귀리를 한문으로 燕麥(연맥)이라 하기도 한다네

제비가 좋아한 귀리(oat 燕麥연맥)와
사람들이 좋아한 오트밀(oat meal. 귀리를 볶은 다음에
거칠게 부수거나 납작하게 누른 식품)에는
불포화지방산이 나쁜 콜레스테롤을 제거하고,

풍부한 식이섬유는 다이어트와 변비예방에 도움을 주고,
식후 혈당상승을 억제해주기 때문에
귀리(oat)를 좋아하는 핀란드에서는
당뇨병 환자가 보기 힘들다고 하네

문제는 이걸 뻥을 쳐서 '북극(arctic)의 귀리'라 하지 않고
특별한 약이나 된 것처럼 '아틱 오트' 라고 선전하니
제비가 참새에게 사기당한 기분이 드네

천(賤)덕 꾸러기

은퇴한 남편의 부인이
역지사지의 마음을 갖고
호감을 보이면
천덕꾸러기 되는 남편은 없을 것이다

賤(천할 천)더기 꾸러기(많다)
조개(貝)를 두 개의 창(戈, 戔)으로
손상을 입혔으니 값(貝)이 나가지 않는다
업신여기다

은퇴한 부부들이 행복하려면
서로를 아끼고 사랑해야 한다
똥개도 예뻐하면 주위사람들이 예뻐한다

이렇게 하려면
磨斧作針(마부작침)
일만 시간의 법칙이 필요한 때이다
공짜는 없다

*마부작침의 斧(도끼 부)=아비 부 父 + 도끼 근 斤
父(아비 부)=八+乂(풀을 베다. 벨 예. 다스릴 예)
사물을 분별하고(八), 집안일을 편안하게 다스리고(乂)
저울의 도끼(斤)처럼 공평하게 해주는 '아비(斧 도끼 부)'
*예초기(刈草機) 刈(별예)

라르고 Largo

뙤약볕이 내리쬔다
몸과 마음이 지친다
시원한 나무 그늘이 그리워진다
잠시나마 불어오는 바람에 땀을 식히고
멍하니 있을 수 있는 여유가 그리워질 때
헨델의 라르고(largo)가 울린다
옴브라 마이푸(ombra maifu)
그립고 사랑스러운 나무 그늘이여
지난날에는 이렇듯 아늑하지 않았네

의과대학 시절 라르고를 첼로로 연주하기 좋아했던
내 친구 박춘식(일반외과 전문의)이가 떠오른다
'아주 느리게, 천천히 위엄있게, 표정 풍부히'
연주하라는 뜻의 largo인데, 그 뜻과 달리
빠르게(allegro 빠르게) 세상을 떠나버린 그 친구가 보고 싶다

라르고(largo)는
마부작침(磨斧作針), 용 가슴 황소걸음(龍心牛步)을
떠올리게 해주면서
정서적이고 심리적인 긴장을 풀어준다
행복하고 기쁜 삶을 알게 해주는 음악이다

*largo는 헨델(1685~1759)이 53세(1738)에 작곡한 오페라
세르세 serse 또는 크세르크세스 xerxes에 나오는 유명한 아리아
오페라가 시작되면 세르세 왕이 무성한 잎으로
그늘을 드리운 플라타너스 나무를 칭송하면서
노래를 시작한다

*템포(tempo). 곡의 빠르기
Adagio(아다지오) 느리게, Allegro(알레그로 빠르게),
Moderato(모데라토) 보통 빠르게, presto(프레스토) 빠르게,
Lento(렌토) 느리게, Andante(안단테) 느리게,
Vivace(비바체) 발랄하게 빠르게
*Narugo 나루고. 아이스 블루 커피 largo(느리게)+테이크아웃(나르다)
- 깔끔한 맛과 풍미 깊은 향을 담아 삶에 풍성한 품성과 감성을 주는 커피

*愚公移山(우공이산), 마부작침
--하고자 하는 마음만 있으면 못할 일이 없다
끈기와 인내로 어려운 일을 해내다
지극히 어리석은 일을 하다
移(옮길 이) -벼(禾)를 많이 수확해서 안전한 곳으로 옮기다
移轉, 移住, 移動
多(많을 다) =夕+夕 저녁이 계속 있으니 '많다'
저녁시간이 많으면 행복하다(多幸)
侈(사치할 치) -노력 없이 많은 것을 얻으면 '奢侈(사치)한다'

예수와 달마대사

달마대사는 예수보다 500년 아래 후배다
영리한 달마대사는
나 외에는 다른 神을 섬기지 말라고 말씀하신
예수님을 흉내 낸다
禪, 단순히(單) 나만 따르라고
단순히(單) 나만 믿으라고
죽을 때는 어차피 혼자니까(單)

*禪(고요할 선, 참선 선)=示+單
單=口(입 구)+口(성기 구)+早(일찍 조)
- 일찍이(早) 모든 탐욕을 버리고(小食 口+禁慾, 口)
명상에 잠겨 번뇌를 떨치는 노력을 하면
오로지 하나를(單) 보는 깨달음에 도달한다
(나 외에 다른 신은 보지 말라)
*쇼펜하우어 - 지능이 높을수록 혼자가 된다
- 인간의 불행 중 상당수는 혼자 있을 수 없어서 생긴다

*麻(삼 마, 저릴 마) - 麻藥(마약), 麻浦(마포)
痲(홍역 마, 뻣뻣할 마) - 痲醉(마취), 痲藥(마약)
磨(갈 마) - 硏磨(연마)
摩(문지를 마, 어루만질 마) - 摩天樓(마천루)

*달마대사(達磨大師)(5세기 경 인도에서 중국으로 감)
- 보리(깨달음)+달마(진리의 법)
- 9년간 면벽수행. 중국에서 누구나 부처가 될 수 있다는 禪宗 전파

*마포구는 痲(삼배)를 많이 재배했다고 이름 붙었지만
공기가 깨끗해서 살기 좋은 도시인데
휘황찬란한 라스베가스 중심가는
마약 냄새가 쑥 냄새처럼 코를 찌르고
뉴욕의 맨해튼은 하늘을 어루만지는(摩天樓) 빌딩 때문에
어둡고 어지럽네

기도(祈禱)

기도(祈禱)란
제단(示)을 차려 놓고
그 옆에 도끼(斤)를 나두고 神(示)에게 빈다
사냥할 때 짐승을 많이 잡게 해달라고

기도(祈禱)란
제단(示)을 차려 놓고
오랫동안(마부작침 磨斧作針) 神(示)에게 빈다
오래 살게 해달라고(壽)

언제까지 기노하나요?
인디언 기우제(祈雨祭)처럼
하나님이 點一二口 牛頭不出 할 때까지
진인사대천명(盡人事待天命)

미래의 기도란?
특정 분야에 전문가(메니아)
한 분야에 열중한 사람
종교 계통, AI 세계로 들어간 자, 유튜버 등이
향후 세계를 지배하는 오타쿠(御宅)가 되게 해달라고
기도할 것이다

*祈(빌 기) 禱(빌 도)
*壽(목숨 수) - 선비(士)는 1일(一) 운동 공부(工)를 한 시간씩(一)해야
입맛이(口) 나고 손발이(寸) 건강해진다
*예수님에게 기도하면
- 3대 가기 힘든 '세상의 권력, 물질'이 아닌
이 세상에서 맛볼 수 없는 '위로와 평강의 영원한 은혜(헤세드)'를 받는다

*神=示+申(펼 신. 고할 신. 거듭. 말하다)
- 제사상(示) 위로 번개가 펴져서(申)
경외감을 일으키는 이미지로 神이 제사에 응답했다는 믿음
- 거듭, 말하며(申), 보이는(示)분이 神이다

*賭博(도박) 걸 도, 내기. 노름/ 넓을 박. 넓게하다. 바꾸다. 무역하다. 노름하다
- 돈을 걸어서(賭) 내 재산을 넓히려고 노름하다(博). 돈을 잘 다루는 박사

*부모를 섬기면 장수하는데(성경), 오래 살기를 싫어하는 사람들
1) 미인 되려고 성형하는 사람들(美人薄命 미인박명, 佳人薄命 가인박명)
2) 천재되려고 공부하는 사람들(天才薄命 천재박명, 天才夭折 천재요절)

*동굴화(먹거리+ 맹수로부터 보호)와 기도(도끼. 먹거리+수명)는
초기에는 목적이 단순했지만
5세기부터 종교가 가미되면서부터 하나님 중심으로 가다가
미술 분야는 15세기부터 인간 중심으로 변했다

5세기~15세기 비잔틴 미술(콘스탄티노플)
성모 마리아의 모습만 그리는 시대
1000~1200: 로마네스크 미술(교회의 권위적인 그림)
12~14 게르만 민족의 고트족, 고딕미술
하늘에 닿고자하는 뾰족뾰족한 건물과
하늘의 파란색을 동경하는 스테인드글라스+인간적이고
감동적인 그림(고딕 미술)
15~16세기
레오나르도 다빈치. 미켈란젤로. 라파엘
하나님이 아닌 인간중심
神보다는 과학. 학문. 수학적(르네상스 미술)

18세기 – 렘브란트. 바로크미술(神보다 王의 권위시대)

향후 세계는 누가 지배하나?
컴퓨터 속의 가상세계에서 살아가는 오타쿠(御宅)

*御(모실 어)=彳(갈 척)+午(낮 오. 南方)+止(그칠지)+卩(무릎 꿇을 절)
-신하가 남쪽으로 나아가 그칠 때 北面을 보고 무릎 꿇는 모습
-임금을 모시다
*오타쿠 세계를 지배한자 –빌 게이츠, 스티브 잡스, 마윈,
1인 미디어 운영자(유튜버) -초등학생들의 꿈. 21년 3만 4천여명
*인도, 힌두교도 사회의 세습적인 신분제도(카스트제도)
1) 사제 계층 – 부라만 (- 미래 지배계급)
2) 왕후. 전사 계층 –크샤트리아
3) 상민. 농미 계층 – 바이샤
4) 수공업. 노예 계층 - 수드라
*許 =점일이구(丶+一二口) 牛頭不出. 許= 言+吾. 황진이와 서경덕

말띠와 驕慢(교만)

말(馬)띠가 가장 싫어하는 것은
말꼬리 잡는 것이다네

말띠가 살아가는데 성공하려면
말(馬)이 들어간 驕慢을 피해야 한다네
말을 높이 타면 아래를 얕잡아 보기 쉽고(驕),
일은 안하고 하루(日)에 4번씩(四) 또(又) 먹기만 하려는
게으른 마음(忄)을 피해야 한다네(漫)

배꼽시계

내 방에는 시계가 여러 개 있다
모양으로 벽걸이 시계, 알람 시계, 스마트폰 시계
동작으로 빠른 시계, 늦은 시계 등
그중에 가장 믿음이 가는 시계는
영리하다는 스마트 폰이라고 생각하는데
나도 있다고 존재감을 알려주는 시계가 나타난다
배꼽시계다
이 시계가 늦을수록 좋아하는 사람들이 있다
다이어트 족

Diet의 어원은 생활양식, way of life 또는 regimen(섭생)이란
뜻의 그리스어 디아타(diata)이다
조건 없는 체중감량(살빼기)이 목적이 아니라
적절한 음식 섭취를 통해서
조화로운 신체의 발달을 목적으로 하는 생활방식이라네

*기장과 부기장은 비행기의 기내식이 서로 달라야 한다
- 만약의 식중독을 피하기 위해서

사막의 다이어트 법

모로코의 사하라 사막에서 살아가고자 하면
3가지 원칙을 알아야 한다네

음식은 배가 고플 때만 먹는다
물이나 음료수는 목이 마를 때만 먹는다
낙타를 탈 때는 도저히 걸을 수 없을 정도로 피곤할 때만 탄다

풍요만이 축복이 아니라
절제하는 삶이 더 큰 축복이란 걸 아는 사람들이다

아프리카의 꿀벌은 꿀을 만들지 않는다
꽃이 피지 않는 추운 날이 없으니까

*사하라 뜻: 아랍어로 사막. 불모의 땅. 아무것도 아닌
사하라 사막(×). 사하라(○)

삶의 드라이클리닝

노인들은 평소에 아끼던 앨범을 버린다
이런 걸, 죽음 청소 세대(death cleaning 데스 클리닝 세대)라 한다
죽음에 대비해 필요 없는 물건을
필요한 사람에게 나눠주거나 내버린다
하늘(天)에 가면서도(辶) 나눠주고(八) 가는
葬送曲(장송곡)의 送을 보아라

가족에게 부담을 덜어주는
일종의 자기 영혼 정화 의례라고 할 수 있다
삶을 깨끗하게 정돈하라
나이 들면 천명을 기다리면서(盡人事待天命)
제명을 다하고 편안히 자리에 누워서 죽음을(와석종신 臥席終身)
가족들 앞에서 마감하는
五福 중에 최고인 고종명(考終命)을 맞이하라

건망증(健忘症) 역시
나이가 들어가는 사람들의 삶을
단순하고 편안하게 해주는 청소 세대의 과정이다
이살쓰죽구
이대로 살다가 쓰고 죽은 후 구원받아보세

평안을 추구하는 천국으로

*臥席=臥病(와병) - 病(병)으로 누워있다
　　臥(누울 와. 엎드리다. 눕다) -왕의 눈을 마주하지 못하고
　　　고개를 숙인 사람의 눈(臣. 신하. 하인. 포로)
　臥死步生(와사보생) - 누우면 죽고, 걸으면 산다

*健 - 1) 몸과 마음이 씩씩하고 튼튼하다
　　2) 굽히지 않고 꿋꿋하다, 자꾸만 ~하다
*健忘 -자꾸만(健 굳셀 건) 잊어버리다(忘 잊을 망)
　建 - 길을 건설하다, 길을 세운다
　健 - 사람이 길을 튼튼하게 설계하다
　聿(붓 율) - 세 손가락으로 붓을 들고 종이(二)에 ~
　律(법 율) - 법률을 만들어 널리 공표한다
　建=律+廷(조정 정) - 조정이 법을 세우는 것(건축적 의미)
　彳(조금 걸을 척)을 흘려 쓴 것이 廴(길게 걸을 인)
　忘=주의하는 마음(心)이 없어진다(亡)

*考終命 -
　고독사 - 보건복지부 실태조사
　　　- 2017년 2412명, 2021년 3378명
　　　- 고독사 위험군 : 152만 명
　　　- 중·장년층 남성이 많다(일본은 노인 고독사가 많다)
*데스 클리닝 - 마르가레타 방누손 作
　　　　- 지혜로운 사람은 죽음 이후를 생각한다
　　　　　죽음이 인생의 마침표가 아니기 때문에

*death(죽음) 과 dying(죽어 감)

*임종 직전(dying 말기 상태 6개월)
　1) 청각은 마지막까지 살아 있으니 위로되는 이야기를 할 것
　　환자가 잘 아는 음악 들려주기
　2) 죽기 전에는 식사를 적게 하므로 권장하지 말 것
　　잠을 잘 자므로 깨우지 말 것

주위를 조용하게 해서 편히 가시게 할 것

*곡기를 끊으면 –a) 탈수. b)지방과 근육의 소모. c)케톤산 혈증발생

d) 뇌(腦)는 행복감을 느낌

3) 본인이 작성하고 손수 쓴 유언장(반드시 도장 날인)

- 돈 앞에 장사 없다. 가족 간에 싸움

4) 사전의료의향서(연명의료) 작성

- 죽기 직전 의료비가 엄청나다

5) 퇴원하기 前,

- 연명의료 셔틀버스 (요양병원 –응급실 –중환자실 –요양병원) 타지 말고,
  호스피스기관 또는 가정형 호스피스에 예약할 것

6) 죽음을 두려워 마라 –죽음은 神이 인간에게 주신 최고의 선물이다

*자택에서 임종했을 때는

a) 자연사와 병사의 경우

1) 119 신고-자동으로 경찰에 신고(112)

검안의사 방문 –검안 – 시체검안서(사망진단서) 발급 –장례식장 이동

2) 병원으로 사설 이송 –응급실에서 사망진단서 발급

3) 상조회사 또는 장례식장 연락

- 사설 엠뷸런스로 이송후, 응급실 의사를 통해 사망진단서 발급
  또는 장례식장 검안의를 통해 시체검안서 발급

b) 자택임종, 원인불상의 사망 또는 사고사

-무조건 112 경찰신고 – 부검 -장례

*death

1) 사망진단서. 유언장 – 세무사 상담(증여세. 상속세)

장례비 1천만 원까지, 장지비용 5백만 원까지 세금 공제(영수증)

2) 안심상속 원스톱서비스(금감원 : 금융재산상태 안내)

3) 휴대폰 (1년 정도 그대로 유지해서 채권. 채무 확인 및 부고 안내)

*來悤悤去冲冲(래총총거충충)

- 화장실 오실 때(來)는 바쁘게 오셨으니,
  갈 때(去)는 깨끗하게 비워주세요!
  사용 후 물을 부어 주세요

*更(경, 갱). 便(오줌 변. 便祕 변비, 편할 편. 便利 편리)

*失(잃을 실)=人+大 사람이 커지면 따로 독립해서 나간다, 달아나다. 잃어버리다

失禮, 失手, 紛失, 失鄕民

迭(바꿀 질) - 허물이 있는 자는 도망가니(辶) '바꾼다'

*悤=怱(바쁠 총) 囱(굴뚝 총, 창구멍 창)

-저녁때 동네에서 창문(굴뚝. 囱) 밖으로 연기 나는 것을 보면 저녁 준비 때문에 마음이 바쁘다. 불날 때 창문에서 연기 나면 마음이 바쁘다

聰(총명할 총 귀 밝을 총) - 빨리(바쁘게) 알아 듣고 판단하는 귀(耳).
聰明(총명)

總(모두 총, 거느릴 총) - 바쁜 교수들을 실(糸)로 한꺼번에
묶어두는 능력 있는 總長(총장)

總裁(president)의 裁(마를 재. 헤아릴 재)

*表(겉 표)-땅(土)의 옷(衣)를 겉(表)이라 한다 - 외투. 겉옷
-물(氵)의 껍질을 물결(波)이라 한다

*裁(마를 재, 表+戈) - 겉옷을 치수에 맞게 창으로 자른다. 裁判(재판)

*편지 끝에 이만 悤悤(총총)

-바빠서 이만 끝내겠습니다

*冲=沖(빌 충. 부딪힐 충) -물(氵)이 가운데(中)로 달려들어 부딪힘

中-북(口)을 막대기(丨)나 깃발에 끼워 땅에 세워놓음(中心)

이명(耳鳴)과 녹명(鹿鳴)

귀가 운다(耳鳴)
혼자서
그러니 나만 들린다

사슴이 운다(鹿鳴)
발견한 먹이를 함께 더불어 먹자고 크게 운다
그러니 주변의 무리들이 함께 듣는다
사슴이 十長生이 된 이유 아닐까?

사람들이 괴로워하는 이명의 치료는?
평생 베풀면서 함께 더불어 살아가라는
사슴의 鹿鳴(녹명)이
長壽를 즐기고 耳鳴도 사라지는 가르침이 아니겠는가?

어쩌면 사슴의 울음(鹿鳴)과 귀의 울림(耳鳴)이
우리의 삶을 아름답게 꾸며가지 않을까?

*鹿鳴(록명)-사슴은 먹이를 발견하면 크게 울어 무리를 모아서
함께 먹는다. 더불어. 함께
평생 베풀면서 살아라

*塵(티끌. 먼지 진)

*진폐증(塵肺症 Pneumoconiosis)- 분진이나 먼지 등 직업환경이
열악한 곳에서 장시간 일을 하는 근로자에게 흔히 발생하는 증상

왜 남자가 먼저 죽는가?

똥이 숨겨져(秘) 있어 불편하면 便祕(변비)이다
便所(변소)에 갔다 와야
시원하고 편하다(편할 편. 便)
죽을 때도 모두 비우고 가야 편하다
똥은 동물의 먹이이므로, 반드시 내 놓아야 한다

한번만(一) 말해도(曰) 사람(人)이
고치기도 하고(고칠 경 更. 更迭 경질)
다시 하기도 하고(다시 갱 更. 更生 갱생)
그렇게 말 잘 듣는 사람은(人)
편(便)하다고 한다
남편을 편하게 해주는 부인을 여편네(女便)라 하는데
남을 편하게 해주는 남편은 내편이 아니네?

피(血)는 便(편)하게 돌고 돌아야 한다
혈관이 나뭇가지처럼 뻗뻗하고 굳세거나(막힐 경. 梗. 硬直)
꽉 막힐 정도로 굳어 있으면(굳을 경, 단단할 경. 硬. 強硬)
피똥(=핏덩이=변비)이 혈관을 막아
뇌경색(腦梗塞 腦硬塞)을 일으킨다
피(血)나 똥은 우리 몸에서 바삐 돌아다녀야(悤悤) 좋은 것이여

癌(암)은 철분이 필요 하므로

철이 든 사람과 철분이 풍부한 노른자는 좋아하고
시금치를 좋아하는 뽀빠이하고는 편한 관계가 아니다
시금치가 철분 흡수를 방해하기 때문이다

여자는 32세 남자는 43세에 철이 든다고 한다(11살 차이)
그런데 철분을 좋아하는 암으로 죽는 사람은
철이 늦게 드는 남성에게 더 많은 이유는?
(2021년 암 발생자 – 27만 7천명, 남 14만 3천명, 여 13만3천명)

또, 남자가 여자보다 먼저 죽는 이유는?
암이 남성들의 새로운 철을 좋아하기 때문인가?
백만 불짜리 질문에
안타깝게도 하나도 답이 없네

싸가지

싸가지는 버릇없다는 싹수의 방언이다
仁義禮智(인의예지) 4가지가 없다는 것이다

서울에는 인의예지를 보여주는 4대문이 있다
동대문(興仁之門), 서대문(敦義門), 남대문(崇禮門), 북문(弘智門)

耳目口鼻(이목구비)의 四勿論도 있다
禮가 아닌 것은 듣지도 말고, 보지도 말고,
말하지도 말고, 그 향기를 숨 쉬지도 말아라

데스클리닝 세대도 이 순서를 거친다
먼저 귀가 멀고, 다음에 눈이 멀고
이어 입맛이 없어지고, 숨 쉬는 것을 마친다
耳目口鼻, 仁義禮智 순서대로
싸가지(4가지)가 없어진다

*興仁之門(흥인지문) - 仁을 일으키는 문
敦義門(돈의문) - 義를 두텁게 닦는 문
崇禮門(숭례문) - 禮를 숭상하는 문
北門 (북문) - 智를 넓히는 문
*勿論(물론) - 말 할 것도 없이(없음)
四勿論 - 4가지 하지 말 것

號, 혼자

사람들은 號(호)가 있다
추사는 343개(추사, 명호처럼 살다. 최준호 지음)나 된다
나는 杏林에서 따온 杏雲이라는 이름으로
50년을 환자와 함께 살아왔다

이름은 태어나기 전 부모가 주신 이름이고
호는 내 인생에 대한 가치관과 취향을 반영한
나를 쉽게 표현한 또 다른 닉네임이고
컴퓨터에서는 8자 이상의 긴 이름을 보여주어야
기계의 마음을 열어주는 암호이다

마지막 삶을 마감할 때는 어차피 혼자이다
고독을 두려워 말고 즐겨야 할 시기다
천국에 갈 때
가톨릭 교인들은 세례명(비밀번호)이 있으므로
천국 문을 여는데 걱정이 없지만
號(비밀번호)가 없는 기독교인들이 걱정이 된다
호에 해당하는 비밀번호를 혼자서라도 만들어야 할까?
孔子, 孟子의 子를 따서 '혼子 또는 alone'이라고?

*號(부르짖을 호, 이름 호)=号(신음소리 호)+虎(범 호)
-호랑이가 큰소리로 부르짖다.

- 허물없이 부를 수 있도록 지은 이름

*号(신음소리 호)=口+丂(공교할 교, 공교롭다, 숨을 내쉬다)

*호(명호)가 많은 사람 – 추사 김정희 343개

비엔나의 랜드마크 슈테판 대성당

스테파노가 돌팔매질을 당함 – 최초의 순교자

137m의 남측 계단 : 343개

이승만의 호, 雩南(우남)

백성들은 아쉬울 때만 하늘을 보고 부르짖는다
비 좀 주세요,
祈雨祭(기우제)
비가 해결되면 백성들은 나 몰라라

자유민주주의 나라를 세워주세요
대한민국
나라가 생기면 백성들은 나 몰라라

대한민국을 건국한 초대 대통령 우남 이승만은
백성들이 물러나라고 해서 제 발로 물러난
이 세상 어디에도 없는 훌륭한 독재자이다

예수님이 나병환자를 10명 치료해 주었는데
감사하다고 찾아온 사람은 1명
선한 일을 할 때는 오른손이 하는 일을
왼손이 모르게 하라(마태 :1~4)는 예수님의 말씀이 떠오른다
'하나님이 어떻게 생각하실까'가 핵심이란 걸 잘 아는 이승만은
세상 사람들과 다른 인생을 살았던 것이다
'하나님은 아시죠'

*亐(어조사 우)
*이승만은 1875년 황해도 평산에서 출생
2세 때 서울 남대문 밖 남산기슭으로 이사
현, 힐튼호텔 자리. 중구 挑洞(도동)의 雩守峴(우수현)
우남(號) 雩南- 祈雨祭(기우제)를 지내는 언덕
우수현(雩守峴)의 남쪽이라는 뜻
*雨(비 우)=만물을 살리는 생명수
이름에 雨자가 들어가면 하늘의 은덕으로 복과
능력을 타고 크게 이루고 누린다는 뜻
雨 = 一(하늘) + 冂(구름) + 丨(번개) + 氵(빗방울)
*雩(기우제 우) = 雨 + 亐 - 비가 내리기를 간구하는 어조사(亐)
*峴(고개 현. 재 현) - 산(山)을 볼 수(見) 있는 가까운 곳이 '고개. 재(너릿재)'

*4·19 직후 대만 장제스 총통이 보낸 위로의 전문에 이승만 대통령은
다음과 같이 회신했다.
'나는 실패한 게 아니다. 불의를 보고 침묵하지 않은 학생들이 있으니
나는 성공한 것이다'

*하나님은 아시죠?
2024년 2월 개봉한 김덕영 감독의 다큐 '건국전쟁'에서
드디어 이승만 대통령의 진가가 나타났다

霎時間에

매우 짧은 시간
잠시 잠깐 지나가는 가랑비에 옷 젖는 줄 모르듯이
잠시 잠깐 마약 좋아하다가
삽시간(霎時間)에 건강 잃는다
잠시 잠깐 첩(妾)질하다(바람피우다)
삽시간에 집안 꼴 망한다

지나가는 가랑비(霎)에 마음을 다 적신 사위
소문이 삽시간에 퍼진다
돌부처도 얼굴 돌린다
이런 사위 보기 싫어
처가 집에 온 사위에게 장모님이 한 마디 한다
'가라고 가랑비 오네'
미운 사위 뻔뻔스럽게 대답한다
'있으라고 이슬비 옵니다'

*雨(비 우) - 멀리 하늘(一)을 덮은(冂) 구름에서 물방울떨어지는 모습
雩(기우제 우) - 비 내려 달라고 어조사를 붙이다
雲(구름 운) -구름이 올라 비를 이룬다
霎(가랑비 삽)=雨+妾(小室)- 작은 비, 작게 내리는 비

*아 으악새 슬피우니, 으악새=왜가리=왁새
- 억새의 방언이 아니고, 으악 으악 우는 왁새
(2005. 그런, 우리말 없다 조항범)

*乍(잠간 사. 일어날 작) = 亡(망하다 망. 죽을 망) 의 변형 + 一
作(지을 작) -잠간의 쉼도 없이 열심히 짓다
사람이 빨리 숨기는 순간
亡 = 亠(人의 변형) + ㄴ(숨다 은. 숨기다)
- 사람이 몸을 숨기다

주인 白

白(백)은
灰白質, 白質, 白骨, 白血球처럼
하얗다는 뜻이지만
아침 해가 뜰 때는 하얀 건물이 푸른색으로
저녁 해가 질 때는 하얀 건물이 붉은 색으로 변해서
무지개의 모든 색을 찾을 수 있는
가장 위대한 색이다

白은 없다(無)라는 뜻도 있다
판단의 능력이 없는 어리석은 자 白癡(백치 idiot),
길치, 音癡(음치)처럼

白은
告白, 告訴, 獨白처럼
말하다는 뜻도 있다

어린애들이 흙으로 장난감을 만들 듯이
하나님도 흙(土)으로 별(丿)을 치면
말하는 '놈 자(者)'가 만들어 지고
말하면서 걸어가는 '지을 조(造)'자도 創造(창조)하신다

소(牛)를 제물로 바친 후 조상에게 입(口)으로 告한다는

소의 울음소리 告(牛+口 알릴 고, 고할 고)는
보고하다, 신고하다, 요구하다는 뜻으로
神 앞에 나아가(辶) 告하면서 소원을 비는 모습이
소원을 이루다, 만들다, 짓다는 뜻도 있다
'지을 조(造)'의 創造(창조),
배를 짓는(造) 곳의 造船所(조선소)
피를 만드는(造) 어머니 세포의 造血母細胞(조혈모세포)

알림!
모든 환자들에게 친절(親切)하라
하나님 白
(하나님이 고하다. 하나님이 말하다)

*親切(친절)
*親(친할 친, 어버이 친)
-나무(木) 위에 서서(立) 멀리 바라보는(見)
*親切에 끊을 切(절)자를 쓴 이유
명예를 최고의 가치로 삼고 있는 일본 무사들이 불명예로 할복자살할 때
바로 죽지 않고 고통스러워하는 모습을 보여주지 않으려고
믿을만한 친구나 부하가 뒤에서 목을 베어준다는 일본식 漢字

*혈압(血壓)
-피(血)를 흙(土)으로 눌러서(壓) 압력을 높여라
-정상혈압 : 나이+90 *90은 보너스
-혈압은 자동변속기 또는 하늘을 떠도는 구름처럼 항상 변한다
혈압이 내려가면 죽는다
*피떡(혈전)이 있으면 빨리 혈관을 통과시켜야 하는데
혈압을 약물로 낮추게 되면 뇌경색이 더 잘 생기며
치매도 더 잘 걸린다
*혈압은 병이 아니니까 스트레스 받지 말고, 냅둬불어!

바보는 병에 걸리지 않는다

*厭(싫어할 염). 壓(누를 압)
-햇빛 달빛도 없는 집(厂)안에 개(犬)를 가두어 두면 싫어하지요(厭)
그리고 개에게 흙(土)까지 뿌리면서(壓) 압박(壓迫)을 하면
얼굴빛이 새하얗게 되어(白) 달아나면서(辶) 멍멍 부르짖지요.
'壓迫(압박)하지 마세요'
壓勝(압승), 電壓(전압), 血壓,

*白(흰 백)=日+丿 햇빛이 비추니 '희다, 밝다'
*迫(닥칠 박, 핍박할 박)
-얼굴이 하얗게(白) 되어 뛰어갈(辶) 정도로 핍박을 받는다

*조명(照明)색깔 3가지
1) 주광색(晝光色=햇볕과 같은 흰색), 퓨어 화이트. 백색.
2) 노랑색 (웜 화이트)
3) 주백색(내츄럴 화이트) -백색+노랑色=아이보리 색.
*晝(낮 주) -날이 밝아(旦 아침 단) 붓(聿)으로 글을 쓰고, 읽을 수 있는 낮
書(글 서) -성인의 말씀(曰)을 붓(聿)으로 쓰다
*국민들이 정치인을 싫어하는 이유
빨강. 파랑색의 정치인과 흰색. 노랑색을 좋아하는 국민정서의
색감이 다르기 때문
*모든 色이 만나면, 흰색(白色)

가장 좋은 절(寺)

사찰을 절이라고 부르는 이유는?
절하러 간다고 절
그럼, 가장 좋은 절은?
친절

절에 갈 때 왜 소금과 설탕을 가져가나요?
깨와 소금이 합하면
깨소금
깨와 설탕이 합하면
깨달음(달다)
으 하하하!

同窓. 同門이 封窓(봉창) 두드린다

열고 닫는 창틀이 없는 문
채광과 통풍만을 위해서 벽을 뚫어 만든 작은 구멍을
封窓(봉창)이라 한다

한참 단잠 자는 새벽에 남의 집 봉창을 두드린다
예상치 못한 말이나 소리를 듣는다
뜻밖의 일이나 말을 갑자기 불쑥 내미는 행동을 한다
이런 걸, 자다가 봉창 두드린다고 한다

진찰 후, 친절하게 설명을 해주었는데도 불구하고
같은 창문을 바라보면서 같은 스승으로부터 공부한 同窓이나
窓보다 넓은 의미의 같은 학교의 교문을 드나드는 同門 환자들은
이무럽다고 생 뚱 맞는 소리나
뜬금없는, 뚱딴지같은 행동을 하는
봉창 두드리는 경우도 간혹 있다
그래도 醫師는 친절해야 한다
막는(封) 窓이든 총명함을 받아들이는 窓(穴+悤)이든
窓은 窓이니까

*封(봉할 봉)은 흙을 쌓고(土土= 圭) 일정한 법칙(寸)에 따라
나무를 심어 경계(뚝)를 만든다(막는다). 구획한다
*金一封 - 돈을 넣은 봉투 하나

- 황제가 신하에게 금을 봉해서 전달한다
- 땅을 내린다. 땅을 떼어 준다. 땅을 봉한다

*窓(창문 창) = 穴+悤 총명함을 받아들이는 구멍(穴)

*이무럽다, 이무러운 사이
任意롭다의 방언
허물없다. 이므럽다. 이물없다
속마음 편하게 말할 수 있는 사이

*더불어 봉투당(2023년 더불어 민주당 돈 봉투 사건)
封套(봉투) 봉할 봉, 씌울 투(크고 大 긴 長 것으로 덮어 씌우다)
- 안에 뭔가를 넣고 입구를 봉하는(틀어막다) 걸 씌우기
封(봉할 봉) -부족 간에 경계를 표시하려고 둑(土土)에 심은 나무

*봉창 뚫은 예수님은
예수님은 부활하신 후
문이 잠겨 있었으나 봉창을 뚫고 제자들이 있는 그 안으로 들어오셔서
군 물고기 한 토막도 잡수셨다

성공이 아니라 섬김이다

보통 교회 신자들은(者)
'大' 字 좋아하지 마라
奢侈(사치)에 빠지니까(奢=大+者)
교회 長老(장로)들 역시
'大' 字 좋아하지 마라
신도들의 어려움을
봉투(封套)처럼 덮어 씌우기(套=大 +長) 때문에

예수님이 말씀하셨지
섬김을 받으러 온 것이 아니라
섬기려 왔다고
Not success, but service
성공이 아니라 섬김이라고

*교회 長老들은
큰(大) 것만을 바라는 자(者)가 되지 말고(奢侈 사치)
크고(大) 긴(長) 봉투(套=大+長)로 성도들을 덮어씌우지 말고
항상 낮은 곳으로 겸손해야 한다

올챙이 피부색깔이 엷어지네

소(牛)의 송과선 추출물을
양서류에 먹였더니
올챙이 피부색깔이 엷어졌다
자다가 봉창 두드리는 뜬금없는 상황이다

그리스語 melas(검은색), tonin(stretch. 묽혀 양을 늘림)
검은색을 희석한다는 뜻의
melatonin(멜라토닌)이라는 이름이 탄생한 연유이다

멜라토닌은 뇌의 송과체에서 분비되는 호르몬으로
쌀 한톨 정도의 크기인 솔방울과 모양이 유사하다고
松科腺. 송과샘. 솔방울과, pineal gland,
제3의 눈(天目)이라고 한다

송과선에서는 수면조절을 하는 멜라토닌과
환각제인 DMT(디메틸 트립타민)가 같이 나온다
멜라토닌이 너무 많이 나오면
DMT가 적어져서 우울증,
멜라토닌이 적게 나오면
DMT가 많아져서(환각상태) 불면증에 시달리게 된다

항상 과불급이 없는 마음이요 행동인 중용(中庸)으로

송과선이 두 호르몬을 분비한다는 것이 어렵기 때문에
베드로 성당의 솔방울 정원에
청동 솔방울이 4m 높이로 우뚝 서있는가요?

*멜라토닌(N-아세틸-5-메톡시-트립타민)의 친구들
1)트립토판 – 멜라토닌의 전구체
트립토판이 세로토닌 합성 후,
세로토닌에 아세틸기를 도입하면 멜라토닌 합성
2)마그네슘 - 신경 진정
3)칼슘- 트립토판 도와줌
4)비타민 B6 – 멜라토닌 생산에 필수적
5)오메가 3 – 멜라토닌 생산 증가
6)아연 – 수면의 질 향상

*pineal gland, pine apple
*멜라토닌 – 방사선 노출, 알츠하이머, 이명 치료 및
미백제(화장품)로 사용
*중용(中庸)
庸(쓸 용, 떳떳할 용)=탈곡기 모양의 庚(경) +口(唐) / +用(庸)
唐(庚+口) -탈곡기에서 떨어지는 낟알을 받아먹는 입
큰소리치다. 허풍. 당황하다. 당나라 이름
庸(庚+ 나무로 만든 통 用)-쓰다. 부리다.사람을 채용하다.
탈곡기를 사용한다. 평범하다. 일상적이다. 떳떳하다.
변치 않다. 변함이 없다(平常)
*청동 솔방울 조각상은 로마의 판테온 근처에서 발견된 유물로
베드로 성당으로 후에 옮긴 것임.

돈 여자

어느 노총각이 돈 많은 여성과 결혼하게 해 달라고
'돈, 여자. 돈, 여자'라고 기도를 한다
하나님의 기도가 통하였다
돈 여자(미친 여자)를 주신 것이다

돈돈돈 하다가 돈 여자를 만난 것이다
소중한 가치를 잃어버린 것이다
돈은 불편을 막아주는 것이다
기본적인 욕구를 충족할 때까지는 행복하지만
행복을 한없이 주는 것은 아니다
기본적인 욕구란 1일 1달라, 365일 365달라 이다
우리나라는 1973년에 이 수치를 넘겼다

하기야 돈이 많으면
白癡(백치)도 똑똑해지고
귀신 수염도 뽑을 수 있다
벌레(虫)도 돈(貝)이 있으면
貴(虫+貝)한 대접을 받는다니까

*달라(Dollar)
- 달라는 체코 동남부 보헤미아 지방에서 생산된
탈러(taler)라는 은화(요아힘스탈러 그로센)가 세계 각지로

퍼지면서 음운변화를 일으켜 Dollar가 되었다
*$=S(스페인)+I I(헤라클레스 2개의 기둥)
- 스페인 이베리아 반도 남단에 있는 작은 곶(串 꼬챙이 곶)

*지브롤터 – 그리스 신화에 나오는 세상에서 가장 힘센 사나이(슈퍼맨)가
산을 넘기 싫어서 산을 쪼개버린 곳
- 이슬람의 타리크가 지브롤터를 거점으로 에스파냐를 800년간 지배
지브롤터 어원 – 자발 타리크(타리크의 山)

*화폐(貨幣)
流通貨幣(유통화폐)의 준말 : 通貨
*貨(재물 화)=化(될 화)+貝(조개 패)
- 돈이나 재산을 여러 가지 물건과 바꿀 수(化) 있다
*質(바탕 질) - 돈을 빌리기 위해 두 자루 도끼(斤)를 저당물(본질, 품질)로 맡긴다
*賢(어질 현) - 일 잘하는 신하(어질다)가 현명하게 재물(貝)까지 준다
*幣(화폐 폐, 비단 폐) - 헝겁(巾)을 2번 나누고(八八) 때리니(攵) '해지다'
- 처음에는 해지기 쉬운 천(巾)이 비단을 뜻했으나
후에 비단이 화폐로 쓰였다
*幣帛(폐백)-神에게 절하고(幣=拜 절하다) 바치는 비단(帛 흰 비단)
- 후에 손님에게 선물로 드리는 예물을 폐백이라 함(幣物)
- 새 며느리가 시부모님께 첫인사로 절을 올린다고 '절하다'
*拜(절 배) - 손과 손이 하나(一)로 모아지니 '절'
- 崇拜, 歲拜, 禮拜
*폐백 때 대추와 밤을 던지는 이유 - 아들 낳고, 조상 숭배하라고
대추 - 대추나무에 대추(陽=아들) 열리듯 아들 낳으라고
- 대추나무꽃은 비비람에 떨어지지 않고 기어이 열매를 맺는다
밤(栗서쪽나무=陰=조상) - 자손과 조상을 연결고리로 조상도 숭배하라고
- 다른 씨앗과 달리 밤 씨는 썩지 않고 나무 뿌리에 붙어있다

돈(頓)

풀(草. 艹. 屮)은 영리하다
흙을 뚫고 어렵게 세상으로 나오면(屯 진칠 둔. 어렵다)
겸손해야 살 수 있다는 것을 누구보다 먼저 아는지
순식간에 홀연히(頓)
고개(頁 머리 혈)를 숙인다(頓 조아릴 돈, 둔할 둔)
한 순간의 짧은 시간에 돈다
돈오돈수(頓惡돈수)처럼
물론 느린 놈도 있다(頓惡漸修 돈오점수)
풀(싹날 철 屮)은 무리지어 나오므로
屮 두 개를 더하여 艸(풀 초)라고 한다

몽골語 사돈(査頓)의 '頓'이 떠오른다
査(조사하다. 풀명자나무, 山査나무)는 등걸나무,
頓은 조아릴 돈 이므로
사이좋은 사돈끼리
등걸나무(査)에 걸터앉아
서로 머리를 숙여가며(頓)
사돈이 땅 사면 배 아프다는 속담과 달리
'한잔 하시오' 라고 담소하는 그림이 아름답다

*한자음을 그대로 읽지 않는 말
사돈(○)-사둔(×), 호두(○)-호도(胡桃)(×), 장구(○)-장고(杖鼓)(×)
천둥(○)-천동(天動)(×), 쌍둥이(○)-쌍동이(×)

웃음이라는 이름만 있어도 180세까지 산다

웃으면 복이 온다고 했다
'웃음'이라는 이름을 가진 '이삭'은 180세까지 살았고
심지어 '웃음'이라고 이름을 지어주신
'아브라함'도 175세까지 살았다

웃으면, 암이 예방되거나 치료된다
웃으면, 奴僕宮(말년운)이 좋아진다
웃으면, 사랑이 온다
웃으면, 천국에서 부자가 된다
천국의 화폐 단위는 달러가 아니라 웃음이고
어린이는 1일 400번 웃고, 어른은 15번 웃기 때문이라네
웃기가 힘든 것은
얼굴의 웃는 근육은 14개이지만
찡그린 근육은 72개로 더 많기 때문이라네

*일사천리(1472) = 웃는 근육 14+ 찡그린 근육 72
*stroke(뇌졸중, 스트로크, 발작, 타격)
뇌졸중 확인하는 법 : str
-smile의 s, 웃어보세요
- talk의 t, 말을 해보세요
- raise의 r, 두 팔을 들어 보세요

낮은 곳으로

교회 내부에 들어서면
바닥이 수평이 아니라
앞으로 경사져 있다

가장 낮은 곳에 임하신
神의 존재를 온몸으로 느끼라고

컴퓨터처럼 오작동 또는 오류가 생겼을 때는
낮은 자세로 전원을 내렸다가 다시 켜면(리셋 Reset)
초기상태로 돌아온다

교회에서도 설교 중에 졸음(睡)이 와서
눈꺼풀(目)이 수양버들 가지처럼
낮은 자세로 축 밑으로 늘어져야(垂)
몸을 정상으로 돌리는 치유 효과가 있는 것 아닌가요?
핑계 하나 좋구만!
으 하하하!

*아담의 뜻 –가장 낮은 '흙'
human의 뜻 - 흙처럼 겸손하라
- 인간은 겸손해야 한다
佳(아름다울 가) - 사람(人)에게 흙을 2번 뿌려라, 아름다워진다

堯(요임금 요) - 제단(元)에 흙을 3번 뿌려라, 요임금처럼 높아진다

*上善若水(상선약수) - 물은 언제나 낮은 곳(겸손)으로 흐른다

山은 내려오면서 흩어지고(散, 베풀고) 仁者樂山

물(水)은 내려오면서 모은다(收 모으고) 知者樂水

壓(누를 압) - 싫어하는(厭 싫어할 염) 사람에게 흙(土)을 뿌리면서

壓迫(압박)하지 마라

*성상근야 습성원야(性相近也 習性遠也)

타고난 본성은 서로 비슷하지만

습관에 따라 서로 멀어진다

인성교육은 좋은 환경이 필요하다

운명을 탓하지 말고, 습관을 바꿔라

70:30 운칠기삼, 후천성면역 20:80

남귤북지 귤화위지(南橘北枳橘化爲枳) 귤나무 귤, 될 화, 할 위, 탱자나무 지

강남의 귤나무를 강북으로 옮기면 탱자로 변한다

귀한 보물도 다듬지 않으면 산 속의 돌에 불과하다

서당개 3년이면 풍월을 읊는다

한 부모 밑에서 태어나도 환경에 따라 겸손과 교만이 달라진다

지리산과 정주영 회장

1915, 지리산과 정주영 회장의 닮은꼴이다
지리산 높이가 1915m
정주영 회장과 미당 서정주의 태어난 해가 1915년

1915, 한 마디(19.一口) 한다
태양(日午.15)처럼
정주영, "이 봐 해봤어?"
미당, "한 송이 국화꽃을 피우기 위하여
봄부터 소쩍새가 혼자 울었던 것을 알아?"
나이키 운동화 선전, just do it(이 봐 해봤어, 그냥 해봐)

*1915m 지리산,
한번(1) 구경(9)하려면 혼자(1) 오세요(5)
1950m 한라산, 한번(1) 구경(9) 오세용(50)
2750m 백두산, 두 번(2) 절(7)하고 오세요(5)
2280m의 시내산, 80세에 오를까 말까 모세처럼 디렘마(22)에 빠져 보세요

*1187m 무등산(無等山),
계급 계층이 없는
아무에게나 평등하게
일일이(11) 팔찌를(87) 채워주는 무등산은
어른들의 어깨 위에 앉아 세상을
늘 자기 눈높이에서 낮은 데만 바라보던 세상과 달리
아빠 어깨에 올라타 어른들 보다 더 높은 시선으로

내려다보는 세상은
꽃보다 화사한 웃음을 짓게 한다
그들의 얼굴이 화려한 팔찌처럼 곱다

'무등을 태운다'의 무등은 無等이 아니고, 舞童이다
옛날 걸립패, 사당패의 놀이 중에
여장을 한 남자아이가 어른의 어깨에 올라서 춤을 추는 아이를
무동(舞童)이라 하고, 무동을 어깨에 올라서게 하는
'무동을 태운다'는 참 뜻이
등 위쪽으로 해서 올라타게 한다는
'무등을 태운다'로 변했을 뿐이다

*구례 지리산 화엄사(華嚴寺)
華嚴 -大方廣佛華嚴經 준말
크고, 바르고, 넓은 진리를
완전히 깨달음(佛) – 중심사상(일체유심조)
華嚴-산스크리트어 Gandavyuha
간다(Gande) 華 온갖 꽃+비유하(vyuha) 嚴 장식하다. 장엄하다
-들판에 온갖 종류의 꽃이 아름답게 피어있는 상태
-들판의 꽃은 서로 배척하거나 다투지 않고 각자 자기 모습대로 살아간다
-만물이 조화롭게 장엄한 공존을 이룬 상태가
'인간이 염원하는 이상세계의 길'이다
敢(감히 감)=攻+耳 적을 치고 귀를 잘라오니 '감히. 용감하다'
嚴(엄할 엄) -언덕(厂)에서 용감하게(敢) 소리치니(口) '엄하다'
嚴禁. 嚴格. 尊嚴性
華(빛나다. 화려하다)=艹 + (드리울 수 垂=千 + 艹 + 土)
-千(천)개의 풀(艹)이 땅(土)에 떨어지면
아름답고 화려하지만 잠이 온다(睡 졸 수)
*아마데우스 볼프강 모차르트
-amo(사랑)+deus(神)
-Wolfgangus=Wolfgang(게르만식 이름)+us(남성형 접미사)
Wolf(늑대)+gang(길) -늑대가 다니는 길
Ein-gang(입구) Aus-gang(출구)
Mozart(mos 늪 + hart 접미사) -늪지대에서 살았다고

*인간이 염원하는 이상세계의 길(화엄)과 천국의 길, 입구/출구
-천국 門 입구는 어느 나라 언어를 사용할까?

한국	입구 入口	출구 出口
영국	Entrance 엔트런스	Exit 엑싯
프랑스	Entree 앙뜨레	Sortie 쏘르티
독일	Eingang 아인강	Ausgang 아우스강
이탈리아	Entrata 엔뜨라따	Uscita 우스시따
스페인	Entrada 엔뜨라다	Salida 살리다

*智異山(지리산) -지혜로운 異人이 나타난 山
- 어리석은 사람이 머물면 지혜로운 사람으로 변화시켜주는 산
- 다름을 아는 것, 차이를 아는 것, 그리고
그 다름과 차이를 인정하는 산(think different 다르게 생각하라)
- 1915m (1919년 3.1 운동보다 4년 선배)

*광주의 無等山(무등산 1187m) 1188m -무등산 수박은 11월에 팔팔
원주의 雉岳山(치악산) 1288m -치악산 꿩은 12월에 팔팔
雉(꿩 치)
- 화살(矢)처럼 날아가는 새(隹). 화살처럼 긴 꼬리를 가진 새
- 화살을 쏘아 잡는 새
치악산(雉岳山) - 꿩이 많이 사는 산악
岳(큰 산 악)- 언덕(丘)도 있고 山도 있는 아주 큰 산

*유창성(流暢性) - 말을 하거나, 글을 읽는 것이
물 흐르듯이 거침이 없는 성질.
暢(화창할 창, 통쾌하다. 후련하다. 유창하다)
- 펼치듯(申) 해(日)가 빛나리(昜 빛날 양)

*認知的 流暢性(cognitive fluency)
cognitive = com(함께)+gnoscere(안다)
- 여러 가지 입장을 통해 알게 된다는 뜻
fluency-유창성, 능숙도, 빠른 두뇌회전, 유창하게 잘하다
gnoscere(라틴어) 안다. gno=to know
diagnosis=dia(통하여) + gno(안다)sis, 진단

prognosis=pro(앞) + gno(안다)sis, 예후

*認(인정할 인, 알 인)

- 말(言)이 참아야(忍) 안다(인식. 인정).
  인내심을 가지고 칼날로 심장을 베어내듯 말의 핵심을 분별
  心 - 강조한다

*이 봐 해봤어!

우리 몸은 인지적유창성 때문에 '해봤어' 쪽으로 행동한다
'해봤어' 라고 뇌를 흥분시키는 신경전달 물질은 5가지
아세틸콜린, 노르에피네프린, 에피네프린, 도파민, 세로토닌
'하지 마' 라고 뇌를 억제시키는 신경전달물질은 가바(GABA) 1가지 뿐

정상적인 자율신경 상태는
얌전한 부교감신경보다는
'해봤어' 라고 흥분시키는 교감신경이 20%정도 항진되어 있다

'해봤어' 라고 혈당을 올리는 호르몬은 많은데
(부신수질의 에피네프린, 노르에피네프린(단기 대처)
부신피질의 글루코코르티코이드(장기 대처)
췌장의 글루카곤, 성장호르몬, 갑상선호르몬, 스트레스)
'하지 마' 라고 혈당을 내리는 호르몬은 인슐린 딱 하나뿐

하여튼, 해봐야겠네

천국의 언어

천국에서는 어떤 언어를 사용하나요?
손자들이 대답한다
영어
왜?
우리 할아버지 할머니가 날마다 영어로 말씀하시니까
어떻게?
'아이고(I go) 아이고(I go)'
늙어서 영어 잘하면 안 되겠네

일기예보

어깨 주물러 달라고 할머니가 부르신다
비가 오려나보다

할아버지는 동네에서 일기예보로 더 유명하다
그 소식을 듣고
어느 날 방송기자가 쫓아왔다네
"할아버지께서 일기예보를 잘 맞추시는 비결은?"
"응, 라디오 듣지"

*기상병

대기 압력과 관절내부의 압력이 서로 평형을 유지해야 하는데
비오는 날, 저기압 때는 상대적으로 관절 내 압력이 높아지고
습도가 높아 관절 내 조직이 팽창하고 신경을 자극하면서
염증을 악화시키고, 통증을 유발한다.
또, 기온이 낮아지면 혈관이 수축하면서 신경이나 관절로 가는
혈류량이 줄어들고 염증물질이 쌓이면서 관절통증을 유발한다.
일조량 감소로 분비된 멜라토닌이 통증을 더 민감하게 느끼게 한다.
*스트레스 – 혈류장애 – 1) 저 산소, 2) 저 체온 – 암 발생

하나님 라디오

경제, 정치, 일기예보에 대해서 놀랄 정도로 잘 아는
와이프에게 어떻게 그리 잘 아느냐고 물으면
라디오를 가리킨다
빛은 우리가 볼 수 있는(可視光線) 빨주노초파남보 외에
볼 수 없는 빛들이 더 많다
감마선-x선-자외선-가시광선-적외선-마이크로파-라디오파

나는 뇌종양의 치료에 사용(감마나이프)하는
짧은 파장의 빛인 감마선(Gamma ray)과
x-레이, 자외선 기기와
인간이 들을 수 있는 가장 최대치 2만 Hz를
넘어서는 주파수을 이용한 초음파를 병원에서 자주 접한다

와이프는 나와 달리 집안에서
긴 파장의 라디오파를 통해서 FM 방송을 듣거나,
마이크로파(전자레인지)를 이용해서 음식을 따뜻하게 만든다

하나님께서 개설한 라디오 채널은
빛의 파장으로 볼 수 있을까?
또는 소리(초음파)로 들을 수 있을까?
초음파는 빛과 달리 매개체(교회)가 있어야 전파되는데
초음파와 빛의 파장인 전파 중, 어느것을 사용하시는지요?

또는 빛의 전파와 소리를 동시에 사용하는지
몹씨 궁금하네요

*Radio의 어원은 라틴어 radix(뿌리)이다
뿌리처럼 뻗어간다(방사한다)는 뜻으로
선 없는(wireless) 무선통신이 라디오라는 용어로 대체되었다
broadcasting(broad 넓게 + casting 던지다=방송)
*infra red(IR) 적외선, ultra violet(UV) 자외선, micro wave 초단파
*초음파 이용 - 어군탐지기. 가습기. 렌즈&식기 세척기. 사이렌 오더
- 의료용 초음파(medical ultra sonography). 수중 잠수함 탐지
*마이크로파를 이용한 전자레인지+소리의 초음파를
병합한 음식 조리기도 있음
빛의 전파와 소리(초음파. ultra sonic, ultra sound)로 빨래를 말린다
*FM 라디오 주파수
- 89.1MHz(메가헤르츠)-메가 100만, 8천9백10만번 진동
Hz-전파나 음파가 1초 동안 진동하는 횟수

껄껄껄

씻고 씻어도
또 씻어도
삶 속의 후회 한 덩어리
우울함, 불안의 그림자
씻어 지지 않네

그 때 좀 더 잘해줄 껄
참을 껄, 즐길 껄, 베풀 껄
껄껄껄 웃어본다

디즈니랜드에는 모기가 없다

박쥐는 쥐(설치류)가 아니다
시력이 나쁘므로 먹이를 찾거나 장애물이 있을 때는
초음파를 이용한다(반향정위)
초음파(큰소리)를 내지르는(12만 hZ) 순간에는
고막 뒤에 있는 이소골(耳小骨)을 수축시켜
고막의 진동전달을 차단해
청력을 보호하는 것은 사람(100 Hz 이상)과 같다

옛 사람들은 야행성인 박쥐는 눈이 아주 밝으리라고 생각해서
'눈이 밝은 쥐'라는 뜻의 '밝쥐'라 했고
밤눈이 좋아진다고 한약제로 쓸리기노 했나네
작은 박쥐(집 박지)는 자신의 몸무게 1/3에 해당하는
모기를 하루 동안 잡아먹으므로
몸무게가 9g이라면 3g 정도의 모기(1일 3천 마리)를 잡아 먹는단다
디즈니랜드에서 박쥐를 키우는 이유이다
물론 깨끗한 환경조성도 한 몫 하지만

*암컷 모기는 교미 후 영양분을 섭취하기 위해 동물들의 피를
빨아 먹지만, 때로는 꽃의 꿀을 먹기도 한다. 그래서
향기가 나는 다이얼 비누로 몸을 씻으면 모기가 더 달라든다

50, 知天命과 대상포진(帶狀疱疹)

혁대(革帶 가죽 끈)의 끈처럼
신경 줄 따라 길게 생기는
띠 모양의(狀) 포진을 일으키며
아프다 아프다 불타는 통증을 일으키는 피부병이
대상포진이다

대상포진은 면역력이 저하되고
행복도가 가장 낮은(U자형 행복 곡선의 최저점)
50대 이후부터 예방접종을 해야한다

50을 하늘의 뜻을 아는 나이
知天命이라고 말씀하신 공자님은
대상포진을 아셨단 말인가?

예방접종은 두 가지 전통적인 방법이 있다
하나는 生백신,
또 다른 하나는 유전자 재조합의 면역 증강제를 포함한 死백신

1회 접종을 하는 생백신은 예방효과가 50%~4%(8년)
2회 접종을 하는 사백신은 효과가 97%~89%(10년)
효과에서 차이가 난다
선택은 환자 몫? 1회 접종이냐 2회 접종이냐

*백신(接種) 만드는 법 4가지

1) inactivated vaccines 불활성화 백신	死백신, killed V *상품명 : GSK 싱그릭스(2회 접종)
2) attenuated V 약화된, 희석된 백신 *1.2번은 전통방식으로 바이러스 전체를 주입	生백신(live attenuated) V *상품명 : 조스타박스. 스카이조스타 (1회 접종)
3) sub unit V	
4) nucleic acid V 핵산 백신 *3.4번은 최신 방법으로 바이러스 일부분을 주입	RNA 백신. DNA 백신. mRNA 백신

*면역계
선천성 면역
후천성 면역(적응면역)
면역력- 적응된 면역(선행학습)을 기억했다가, 세균이 침입했을 때 사용
기억이 사라진 치매 걸리면 면역도 큰일?

*급성호흡기질환 – 예방 백신 RSV(호흡기세포 융합바이러스)
- 1~2주면 회복되지만 폐렴으로 사망할 수 있으므로
60세 이상에서 백신을 맞으면 예방효과 94%

*不惑(불혹) – 40대는 고속도로를 100km 이상으로 달리고 싶은
속도위반의 유혹에 빠지지 마라(不惑)
지천명(知天命) - 50대는 100km로 달리고 싶어도
면역력이 떨어졌으므로 50km로 달려야 한다
50대에 생기는 50견이 오면 팔을 위로 50%밖에 못 올린다
(50대=50견, 회전근개파열, 어깨충돌증후군)
50대에는 면역력이 떨어지므로 대상포진 백신을 맞아야 한다
60대(耳順) - 말을 잘 들어라
70대(從心) - 칠칠(七七)한 놈이 되라. 종놈, 충직한 개가 되어라
80대 – 나누어 줘라(送=八+天+辶)
90대 – 卒壽 졸업해라

*惑(의혹 혹. 미혹할 혹) - 창(戈)을 들고 나라(口)를 지키는데
아래에 있는 영토의 경계선(一)이 내 땅이냐? 니 땅이냐?
의혹(의심)하는 마음

*當惑

*誘惑(유혹)

誘(꾈 유)=言+秀(빼어날 수)

- 말이 빼어나 남을 달래어 꾀다

- 秀=禾+乃(곧 내, 이에 내) : 벼(禾)를 심으면 곧(乃) 자라
이삭이 빼어나게 패다

*帶(띠 대)=스물 입廿+삐침 별 丿+숨을 은 ㄴ+덮을 멱 冖+수건 건 巾

- 허리를 덮는(冖) 수건(巾) 허리띠(帶)에는
20개(廿)의 별(丿)이 숨어있다(ㄴ)

- 聲帶(성대). 革帶(혁대). 繃帶(붕대). 保護帶(보호대)

*滯(체)하다. 滯症 -식사를 할 때 갑자기 음식물이 목에 걸리다

滯(막힐 체) - 물의 흐름이 허리띠처럼 '막히다'

*朋(벗 붕) 달이 가까이 붙어 있으니 '벗. 친구'

崩(무너질 붕) -친구 위로 산이 떨어지니 '무너지다'

繃(묶을 붕)- 무너지는 것을 실로 엮으니 '묶다'

예방접종(接種)과 첩(妾)

여종(妾)을 손(扌)으로 만진다(接)
홀레한다
주입을 한다
씨를 심는다

애 못 낳는다고 첩을 얻느만
이제는 지 몸 면역력 부족하다고
접(接)종(腫)이라는 첩(妾)을 또 얻네

妾妾산중이니
피골상접(皮骨相接)될까 걱정되네

*接種(접종) -몸에 병균을 막아주는 씨를 뿌리다
종자를 接合 시키다. 씨를 심는다. 주입을 한다
接(이을 접)=扌+妾(첩). 첩을 손으로 취하다. 거두다. 접하다
사귀다. 접촉하다. 홀레하다. 대접하다. 잇다
여종을 손으로 만진다
- 본처가 있고(立) 그 밑으로 들어간 여자(女)
妾(첩)을 들여 자식을 낳아 대를 이어 간다 '손을 잇는다'
*피골상접(皮骨相接)-살가죽과 뼈가 맞붙을 정도로 바짝 마름
*첩첩산중(疊疊山中) -겹겹으로 덮인 산속

種(씨 종) -볍씨(禾)종자 하나 고르는 데도(무거운 것 重) 신중하듯이
과학자들도 수많은 연구노력 끝에 개발했다고 種

레이디스 앤 젠틀맨

레이디스 앤 젠틀맨
여성 먼저
그러나 골프장은 아니다
Gentlemen Only, Ladies Forbidden
신사만의 게임이니까 여자는 금지
왜?
간식을 싸오고, 클럽하우스에서 지갑을 안 여니까
유럽 공중변소에서 여성에게만 돈을 받는 이유는?
좌석이니까
남자는 서서 싸는 입석이지만

電解質(전해질)

물속에만 들어가면 전기를 띠우는 것들이 있다(도체)
고체상태의 소금(NaCl)은 전기를 띠우지 않는다
그러나 물 속에 들어가면
Na(나트륨)과 Cl(염소)로 분리되어 전기를 띠운다
이와 같이 물 속에서 전기를 띠는 물질을 풀어내는 것들을
電解質(electrolyte)라 한다
전해질의 대표적인 물질이
나트륨, 염소, 마그네슘, 칼슘 등 무기질(미네랄)이다
전해질은 체내에서 각기 다른 역할을 한다
나트륨은 체내 수분조절
칼슘은 신경자극 전달과 혈액응고
칼륨은 근육이나 신경에 작용한다
전해질 균형이 깨트려지면 병이 생긴다

전류를 흐르지 않게 하는 물질도 있다
설탕(비전해질)

원자는 원자핵(양성자+중성자)과 전자로 구성되어 있고
무거운 원자핵보다는 가벼운 전자가 빠르게 움직이면서
전류가 흐른다
물에 녹는 소금 때문에
찌릿찌릿 전류가 흐르면

요리사는 맛이 좋다 하고
병원에서는 전해질이 부족하다고 링거 주사를 주고
과학자들은 이온화 되었다고 하고
페인트칠하는 사람들은 녹 쓸었다고 한다네

*전기(電氣 electriccity)
호박(elektrum)구슬로 비단천을 문지르면 미약한 불꽃이 발생하고
깃털을 끌어당기는 현상을 전기라 한다
*電磁氣學 – 번개와 자석의 기운을 느끼는 학문
電(번개. 전기. 번쩍하다), 磁石(자석. 사기그릇)
氣(날씨, 기후, 숨, 힘, 공기, 기운, 분위기)
*electrolyte(전해질)=electro+lyte(그리스어 lytos=untied 묶이지 않는)

*electrolyte(전해질 電解質)=electro(전기)+lyte(용액)
전기가 용액 안에서 전도되는 물질
전기분해(電解)에 의해 생성되는 물질(質)들이
세포 내외로 수분과 전기를 전달하여
신경전달. 근육수축기능. 혈액 안 수분농도 유지.
항산화 기능(세포손상 예방)등 활성화

*설탕은 비전해질 – 감정이 없다 : 고로 당뇨병을 일으킨다
포르투갈은 아프리카에서 부족들 간에 전쟁에서 패한 흑인 노예들을
아메리카로 가서 설탕과 물물교환을 할 정도로 인정이 없으니
물속에서도 설탕이 비전해질이 된 이유가 아닐까?

양자. 영자의 전성시대

옛날에는 공자, 맹자처럼
영자라는 이름이 많았다

학교에 가면
물질을 이루는 가장 작은 단위의
原子(atom)라는 아이를 만난다
원자는 원자핵(陽性子+中性子) + 電子로 구성되어 있다

사회에 나오면
양자역학, 양자시술, 양자 컴퓨터 등
음양의 陽子가 아닌
에너지의 최소량 단위인 量子를 만난다
원자보다 더 작은 입자들, 전자·양성자·중성자·광자 등을
총칭하여 '양자'라 하며
이들 양자의 가장 작은 量이 힘을 받으면 어떤 운동을 하는지
밝히는 학문이 양자 力學(힘의 학문)이다
quantum(量子. 복수형 quanta)의 어원은
'量(quantity) 좀 많이 주세요'라는
라틴어 quantus(얼마나 많이 how much)이다

量子는 동전의 앞뒷면처럼
입자이면서 파동의 빛 알갱이다

지금까지의 컴퓨터는 0과 1을 껐다 켰다 하는 방식의
비트 정보단위를 사용했지만
양자 컴퓨터는 0과 1이 중첩된 상태에서
큐비트 정보단위를 사용하므로
기하급수적으로 연산처리 속도가 빠르다
현존의 슈퍼컴퓨터가 수백 년이 걸려도 풀기 힘든 문제를
量子컴퓨터는 단 몇 초만에 풀 수 있다네

양자컴퓨터는 금융·국방 등 모든 암호를 무력화 할 수 있고
전략무기화 할 수도 있으므로, 가장 먼저 개발한 나라가
모든 나라의 핵을 해킹해서 마음대로 조작할 수도 있다
양자센서는 스텔스기를 탐지하고
0.1mm이하 미세 암세포를 발견할 수 있다
양자통신은 해킹이 원천적으로 불가능 하단다

반도체는 원자 덩어리를 변화시키지만
양자역학은 원자 하나하나도 변화시킬 수 있으므로
반도체와 quantum(量子)은 차원이 다르다
삼성전자, LG 전자가 아닌
삼성양자, LG 양자가 탄생하기를 기원해 본다

아름다운 꽃들은 예나 지금이나 똑같은 속도로 핀다
인간의 마음은 왜 그리 급한지?

양자(Quantum)컴퓨터가
슈퍼컴퓨터에 비해서 연산 속도는 엄청 빠르지만

덧셈 뺄셈은 일반 컴퓨터보다 느리다네
으 하하하!
하나님은 언제나 공평하시다니까

*양자센서 활용한 무채혈 혈당측정기

양자센서는 빛 투과, 반사를 통해 획득하는 광자에너지의
미세변화를 감지해 거리 정보, 사물 성분을 인지하므로
손가락 끝을 갖다 대면 혈당을 정확하게 측정할 수 있다

*Chat GPT
- chat : 담소, 수다, 이야기 하다
- GPT : pre-trained transfomer, 미리 훈련된 생성 변환기
  - transfomer라는 deep learning을 통해 스스로 언어를
  생성하고 추론하여 이용자와 대화를 한다
- deep learning : 깊은 학습. 스스로 학습하는 컴퓨터
  컴퓨터가 사람처럼 생각하고 배울 수 있도록 하는 기술
- transfomer - 변압기. 도란스
  - 220v의 전압을 110v로 바꾸어 주는 역할

懶翁禪師(나옹선사)와 당뇨병

나옹선사 왈, 당뇨병이 없을 때는
청산은 나를 보고 말없이 살라하고
창공은 나를 보고 티 없이 살라하네
사랑도 벗어놓고 미움도 벗어놓고
물같이 바람같이 살다가 가라하네
青山兮要我以無語(청산혜요아이무어)
蒼空兮要我以無垢(창공혜요아이무구)
聊無愛而聊無惜兮(료무애이료무석혜)
如水如風而終我也(여수여풍이종아야)

나옹선사 왈, 당뇨병이 있을 때는
청산은 나를 보고 거지같이 때를 맞춰
골고루 적정량만 먹어라 하네
창공은 나를 보고 에너지 50% 이상이 근육으로 가게끔
운동을 하라 하네
그렇지 않으면 복부로 가서 뱃살이 푸짐해진다고
사랑도 미움도 식욕도 벗어 놓고
좋은 생각만 하라 하네

나옹선사(禪師)의 禪은 홀로(單) 사는 神(示)이니까
말없이 살 수 있었겠지만
둘이서 같이 사는(仁=人+二)우리들은 힘들지요

나옹의 懶(게으를 나)는 항상 누워있는 모습 때문에
사람들이 '게으른 어르신(臥禪 와선)'이라고 했다던데요?
나옹선사님, 혹시 광주 옆 화순군의 운주사에 계시는
두 분의 臥佛(와불) 후손이 아니신지요?

나옹선사님이 빙그레 웃으신다
어찌 상처 없는 사람이 있겠느냐
어찌 당뇨병에 걸리지 않는 사람이 있겠느냐
청산은 나보고 말없이 살라하지 않느냐

*束(묶을 속)=木+口, 나무를 입으로 잡으니 '묶다 단속하다'
刺(어그러질 랄) - 묶은 것을(束) 칼(刂)로 대니 '어그러지다'
- 生氣潑剌(생기발랄)
速(빠를 속) - 묶어서 가니(辶) '빠르다'
賴(의뢰할 뢰)=剌+貝, 금전과 무기에 기대어(의지해서, 묶여서) 산다
癩(문둥병 리) 의지할 곳이(賴) 없는 병(疒)
懶(게으를 라) - 남에게 의지하고자(賴) 하는 마음
*懶翁(1320~1376) 본명(牙元惠 아원혜), 법명(혜근)
- 고려후기의 선승. 공민왕의 王師
*牙씨들 - 다윗王 부인(8명 중, 아비가일)
*道詵國師(도선 국사, 827~898) 신라 말
- 화순 雲住寺(운주사 구름이 머무르는 절) 창건
道詵 - 마땅히 가야할 길(道)을 인도하려고
말을 먼저 전하다(詵 말 전할 선)
*銑(무쇠 선. 윤이 나는 선) - 금속 중에서 가장 광택이 나는 황금
*單(홑 단), 많은 식구들의 입(口口)을 책임지고자 '혼자' 열(十) 군데의
밭(田)에서 일한다
禪(선 선)=示+單 신이 혼자 있으니 '고요하다, 좌선하다, 말이 없다'

書書히 책으로 스며드는 충장로

빈집을 철거해서
귤나무 가로수와 書書히 스며드는 책의 거리로 만들면
젖과 꿀이 흐르는 땅으로
福地, 땅이 축복받으리라
그 곳에 사람들은 풍족한 생활을 할 수 있으리라

젖과 꿀 대신
나무와 주차창이 넘치는 땅으로 거리를 만들면
福地, 충장로 땅이 축복 받으리라
그리고 다시 그 옛날 명성을 찾으리라
고요를 깨우는 내 발 걸음 소리에
충장로 거리의 꽃들이 안개 속에서 얼굴을 빙긋이 내민다

*빈집은 철거해서 나무와 책이 있는 공간으로 개조한다면,
서울에서 2023년 4월에 야외도서관을 개장했는데
1개월 동안 12만 명이 방문해서 1만여 권의 책을 즐겼다
(분실률 01%. 17권 분실)
*길거리에는 나무의자(bench)를 놓고, 귤나무 가로수를 만들었더니
머무는 인구가 늘었다
*Bank(은행)의 어원 : 이탈리아 Banco(방코. bench)
옛날 대금업자 유대인들이 영업할 때는 자신의 의자와 탁자를 이용했다고

충장로 공복문(拱北門), 北門

어제는 충장로를 지나다가
천년구름이 흐르는 광주천변에서
잠시 광주공원의 멋진 희경루(喜慶樓)에 올랐네
사라진지 100년 된 공북문(拱北門) 터(충장로 파출소 옆에)에는
공북문터(拱北門址) 비석만 홀로 서있고
광주 일고 광주학생독립운동 기념탑 자리에 있었던
공북루(拱北樓)에는 의병들은 돌아오지 않고
제일 고등학교생들의 함성만 들리는고
충파 돌계단에 기대어 긴 한숨 쉬노라니
무등산은 푸르고 구름은 말없이 흐르네

*광주읍성의 4대문 중,
충파 근처에 있었던 북문(절양루)이 대표성을 띤 관문이다.
임금이 있는 한양 도성과 연결된 길로 나아가는 북쪽의 문으로
군왕에 대한 충성의 의미를 담아 '공북' 이라 함
*북문 밖에 공북루(절양루)가 있다(광주 제일고 학생독립운동 기념탑)
-누문동은 공북루의 별칭이다
-누각에는 '每依北斗望京華' 라는 현판이 있다
매번 북두성에 의지해 북쪽 서울을 바라본다
-사신접대 및 지방 유지들과의 연회장소. 의병 집결장소
*서양은 에덴의 동쪽처럼 해 뜨는 동쪽이 으뜸이고, 조선의 서울은
남쪽이 으뜸이다(남대문. 숭례문)
*拱=扌+共(함께 공) - 두 손 맞잡을 공. 두 손을 맞잡다
*井=가운데 관리자 집+ 주위 8집, 총9집으로 구성

*婁 -끌 루. 거듭 루. 포갤 루. 쌓을 루

毌(관. 꿰뚫을)+中(또아리)+女

여자가 머리에 짐을 포개인 모양

*數(셀 수. 샘 수) -머리에 올린 짐을 하나하나 막대기로 숫자를 표시

*樓(다락 루) - 나무가 겹쳐 지어진 누각

新 아편전쟁

중국의 청나라는
1840년(영국), 1860년(영국, 프랑스)
2번의 아편전쟁으로 망하게 되었다

지금의 중국은 미국을 전쟁으로 이길 수 없다
그래서 끄집어 낸 3가지 전략이
超限戰(초한전)이다
인터넷에 가짜 댓글 달기
부정선거 개입
마약유통

모르핀보다 200배 더 강한 펜타닐이 그 주인공이다
카나다, 멕시코를 경유해서 미국에 대량으로 퍼붓고 있다
우리나라도 걱정이다
대치동의 학생들까지 넘보고 있으니
왕 서방, 왜 이래! 뭘 잘 못 먹었나?
新 아편전쟁을 일으켜 옛날의 패배를 보복하려고?

*진통제 종류
1) 마약성 진통제
- 아편, 모르핀, 코데인, 페치딘, 펜타닐
2) 비마약성 진통제

- 아스피린, 타이레놀, 이브프펜

a)천연 마약	b)추출 알칼로이드	c)합성 마약
양귀비. 아편. 코카 잎	모르핀. 코데인. 헤로인. 코카인	페티딘(데메롤). 메타돈. 펜타닐

*펜타닐(fentanyl) -초강력 마약성진통제. 지구상에서 가장 강력한 마약
- 고통이 극심한 말기 암 환자를 위한 마약성 진통제
- 금단증상 : 살을 기름에 튀기는 통증
- 한번만 먹으면 인생을 종친다는 마약(치사량 0.002g)
  양귀비 〈 아편 〈 헤로인 〈 펜타닐 〈 카펜타닐
- 헤로인의 100배. 모르핀의 200배.
- phenylaminopiperidine(phenylethylanyline 약자)
  ph-f로 변환, 페닐에틸기 phent, 가운데 구조 aniline
  opioid(~id ~같은) – 마약성분을 복제해서 만든 약
  opium(영어. 라틴어 opium. 그리스어 opion 즙, 쥬스). 漢譯(한역): 阿片
  아편-덜 익은 양귀비 열매에 상처를 주어 흘러내린 액체를 굳혀 말린 물질로 30여종(모르핀 등)의 알칼로이드가 들어 있다

*펜타닐, 카펜타닐의 '닐과 닐리리야'

짜증은 내어서 무엇하나
니나노 닐리리야
니나노, 얼씨구나 좋구나 좋다 좋아
니나노 닐리리야
경기민요로 무당들이 굿을 할 때 부르던 巫歌(무가)인 창부타령

농사가 풍부한 나일江 유역은(나일 Nile + area 에리어)
농부들의 이상향이라
흥겨운 Nilerea(닐리리야)가 여기서 생겼을까?

청소년들이 펜타닐 보다 더 강한
거대동물(코끼리)의 마약성 진통제인 카펜타닐(carfentanly)을
닐리리야로 오해해서

과다투여로 인해 죽어가는 현실이 안타깝다

*펜타닐 -천연재료에서 추출한 헤로인과 달리
각종 화학재료를 섞어서 합성하므로 만들기가 쉽다
- 2차 대전 때 미국인 사망률 28만
일본 태평양전쟁 때 미국인 사망률 20만 명
- 합성마약으로 미국의 청장년 사망 30만 명
*마약좀비 -펜타닐에 취해 흐느적거리는 사람들

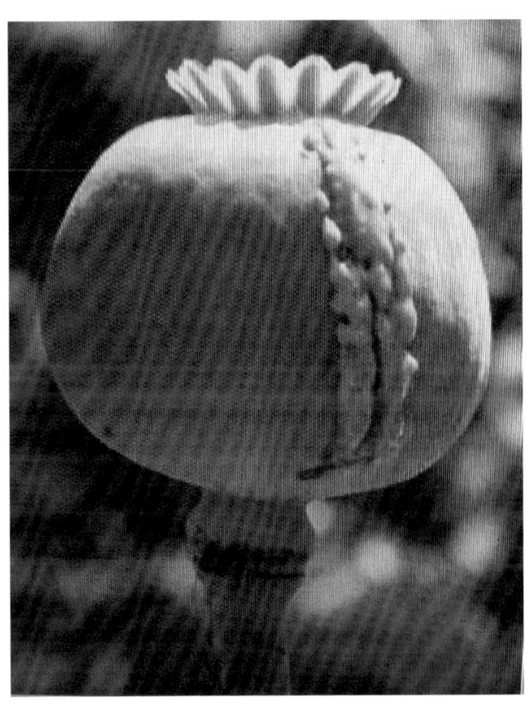

뜻대로 하소서

교회에서는
내 뜻대로 마시고 아버지의 뜻대로 하소서

집에서는
내 뜻대로 마시고 아내 뜻대로 하소서

단,
교회에서는
섬김을 받으러 온 곳이 아니라 섬기려 왔다고 할 때만
집에서는
덕 보려는 것이 아니라 상대방을 배려하는 배우자일 때만

말 위에 올라타라

TV가 처음 나왔을 때
영화관은 끝났다고 생각했다
19세기에 사진이 발명되었을 때
회화의 시대는 저물었다고 생각했다
챗GPT가 나타났을 때
많은 직업군의 사람들이 실직할까봐 걱정했었다

전자계산기가 등장했을 때
사라진 것은 주판이지 수학이 아니었다
말과 달리기 시합할 때 이기는 방법은
말 위에 올라타는 것이라고 이어령 박사가 말했나

사주팔자에 등장하는 12마리의 동물들이
달리기로 순서를 정했을 때
소 등 위에 타고 온 쥐가
결승점에서 먼저 뛰어내려서 1등이 된 것이다
쥐의 지혜가 필요한 때이다
소(牛)가 하는 말
쥐 세끼 같은 놈
으 하하하!

찬물과 뜨거운 물

찬물을 먹어라
뜨거운 물을 먹어라
건강에 좋다고 서로들 주장하니
어떤 물을 먹으리오까?

찬물을 좋아하는 나라는 한국과 일본 뿐이다
물이 깨끗하니까
뜨거운 물을 먹는 나라는 물이 나빠서
전염병(콜레라)에 혼쭐이 난 나라들이다
끓여먹는다는 것은 살균의 목적도 있다
특히 중국에서는 보온병을 들고 다니는 나라이다
맥주도 미근하고, 콜라도 미근하다

옛날 중국이나 인도의 전통 의학에서는
찬물은 장에 나빠서 피하라고 한 것도
찬물을 싫어하는 요인 중에 하나다

전전긍긍했던
찬물과 뜨거운 물에 대한 마음 자국을
챙겨갈까, 두고 갈까?
찬물을 좋아하거든 시원스럽게
뜨거운 물을 좋아하거든 뜨겁게

휘모리장단에 맞춰 일단 마셔보세요

*휘모리장단 : 판소리나 산조 장단에서 가장 빠른 속도로
처음부터 급하게 휘몰아 부르거나 연주하는 것

*예수님은 냉수 한 그릇
-예수님께서 12제자들을 사랑하는 법을 훈련시키시고 파송하는
장면이 마태복음 10장에 나온다
"누구든지 제자의 이름으로 이 작은 자 하나에게 냉수 한 그릇이라도
주는 자는 내가 진실로 너희에게 이르노니 ......"
작은 자에게 냉수 한 그릇부터 실천하는 것이 사랑의 실천이라고 말씀

*보시(布施) -넓게 편다(布 펼 포), 베푼다(施)
-불교에서는 포시(布施)를 보시, 道場(도장)을 도량이라고 읽는다
布 =又+巾 - 베 포, 펼 포, 보시 보
-계속 천이 나온다 -펴다. 베풀다
-몽둥이로 천을 연하게 다듬고 두드려서 펴다
施(베풀 시)=方+人(깃발모양)+ 也(어조사)
-깃발이 펄럭이다. 베풀다. 주다. 옮기다
施設(시설) -편리를 베풀어(施) 구조물을 세운다(設)

목사님은 따뜻한 물을 마셔야 한다

소리는 뜨거운 곳을 좋아한다
해가 있는 낮에는 소리가 높은 곳으로 올라가고
해가 없는 밤에는 소리가 땅으로 내려온다
낮말은 새가 듣고 밤 말은 쥐가 듣는다
태양이 따뜻하니까 모든 해성들이 그 주위를 돈다

목사님이 恒常(항상) 따뜻해야
하나님의 말씀이 내려오고
성도들이 목사님 주위를 돈다
솔로몬의 쉐마(지혜, 경청, 듣는다, 들으라)가 최고인 이유이다

*목사님은 등(脊)이 따뜻해야 한다
등 쪽에 위치한 風門穴(풍문혈)에 찬바람이 들어오면 감기에 잘 걸린다
감기 기운이 있으면 등을 따뜻하게 해 주어야 한다
풍문혈을 문질러주면 치매에도 도움이 된다
스웨덴의 손 마사지 – 탁틸 케어(Tactils 만지다. touch care)
정신 차려! 할 때 등(脊) 쪽을 때린다
등을 굽히면 안 된다
*脊(등성마루 척. 산마루. 등뼈)=人+二+二+月
사람의 몸에서 등 쪽에 가지런히 양측에 있는 뼈
*부모님 등골 빼먹는 겨울용 점퍼 – 노스 페이스
*신도들이 목사님 등골 빼먹으면 목사님이 수척해진다
*瘠(파리할 척) - 등뼈가 보일 정도의 병(疒), 파리하다. 메마르다. 瘠薄(척박)
*瘦瘠(여윌 수. 수척)하다

叟(늙은이 수)=臼+丨+又 절구를 찧고 또 찧으니 '경험 많은 늙은이'

*햇볕을 받아야 잠자는 호르몬(멜라토닌)이 나온다
봄이 되면 춘곤증이 생기는 이유이다
*태양과 찬바람의 겨울 외투 벗기기,
공전 때 지구의 얼굴을 태양 쪽으로 내밀어야 여름(용서)
*몸에서 가장 뜨거운 심장과 소장에는 암이 생기지 않는다
암은 저체온(35도C)에서 발생한다
*항온(恒溫. 定溫)동물
- 바깥 온도에 관계없이 항상 일정하고 따뜻하게 체온을 유지하는 동물
- 恒(항상 항) - 태양(日)이 東과 西 두 길(二)에서 항상 뜨고 진다
- 溫(따뜻할 온) = 氵+囚(죄수 수)+皿(그릇 명)
죄수(囚)에게 그릇(皿)에 물(氵)을 담아주는 따뜻한 마음
- 날씨가 추워서, 또는 더워서
밥맛이 없네, 교회 가기 싫다는 사람들
인간이 항온동물이란 걸 아시겠지요. 핑계 대지마!

*恒(항상 항) - 태양(日)이 東과 西 사이에 항상 일정한 마음
*尙(오히려 상. 높다. 위. 숭상하다)
-집(冂)에 창문(口) 뒬고 지붕에 굴뚝(丨) 달고(向)
그 위에(向) 지붕(八)을 세우니(尙) '오히려'
건물의 높이가 '높아져 우러러보고 숭상할' 정도다
*堂(집 당) - 흙 위에 높이 지어진 집
*當 -밭은 논보다 당연히(마땅히) 높은 곳에 있다
*棠(아가위 당) - 고상한(尙) 열매가 여는 나무. 海棠花
*賞(상품 상) - 높은 자(尙)에게 상(貝)을 주다
*常(항상 상) -崇尙(숭상) 받는 사람들은 항상(恒常)
멋진 손수건(巾)을 가지고 다닌다
*尙州 -'오히려 고을'이 아니라, 高尙(崇尙)한 '높은 고을'이다

夏夏冬冬

2023년 여름, 정말로 덥다 더워
여름은 더워야 여름이고, 겨울은 추워야 겨울이지
하하동동

여름의 더위가 우리를 감싸안고
태양은 뜨겁게 우리를 찌르고
더워서 머리(首)와 발(夊)을 드러내놓는 계절(夏)
열매가 열리는 계절이라는(열음. 열매가 연다고) 여름
산고의 고통이 너무 뜨겁지만
더위 속에서도 노래하며
더위를 만끽하며 살아가리라

*Summer=sum(합계. 총계) + mer(라틴어: 빛) - 완전한 빛
*夏夏冬冬
추운 겨울철, 도운 여름철에
– 정상체온을 유지하기 위해 막대한 에너지 소모
– 기초대사량 10% 증가 (걷기 운동 1시간에 해당)
- 루소 : 자연으로 돌아가라(여름은 여름답게, 겨울은 겨울답게)

*여름철 발을 드러내놓을 때, 맨발로 땅을 걸으면(earthing 接地)
몸속의 활성산소(+ 전하)와 땅의 마이너스(-) 전하가 중화되어
활성산소 때문에 생기는 암, 고혈압, 고혈당 치료에 도움이 된다?
(과학적 근거가 없음)

*신발장수가 천국 가기를 싫어하는 이유

의사들은 환자가 없는 천국을 싫어하고
변호사들은 싸움이 없는 천국을 싫어하지만
신발장수는 왜 천국을 싫어하나요?
모세가 시내 山에서 하나님을 처음 만나기 위해
신성한 땅에 갈 때는 맨발로 가야했기 때문에
신발을 벗고 갔지요
천국에서는 신발장사 안 되겠네요
으 하하하!

황당무계와 당근
- 唐根, 紅唐무. carrot 붉은 색깔

서양에서 물건이 들어오면 洋, 양복. 양잿물
오랑케 나라에서 물건이 들어오면 호(胡), 호떡. 호도(胡桃)
당근은?
唐나라에서 들어온 빨강뿌리 채소

당근을 어디에서 살까?
당근마켓에 가보세요
당근마켓?
당신근처(당근) 마켓
으 하하하!
당근은 어떤 색깔이 더 좋은가요?
노란색
왜?
荒唐無稽(황당무계)라 했으니 노란당근이 무게가 더 나가겠지요
언행이 터무니없고 믿을 수 없다는
황당무계(거칠 황, 황당할 당, 없을 무, 헤아릴 계)가 떠오른다
황당무계의 거칠 황(荒=++ + 정말로 亡 + 川)은
풀 한 포기 물 한 모금조차도 없는 곳(거친 황무지)이고,
헤아릴 계(稽=禾+더욱 우 尤 + 뜻 지 旨)는
곡식(禾)이 더욱(尤) 맛있는지(旨) 헤아려 본다는 뜻이다
唐은 탈곡기 모습을 딴 庚(경)과 입 구(口)의 합자로

탈곡기에서 떨어지는 곡식의 낱알을
입으로 받아먹는 모습으로
'큰소리, 황당하다, 허풍, 당황하다' 뜻이었지만
당나라가 세워진 후부터는
탈곡기에서 떨어진 쌀을 풍족하게 받아먹는
'풍요로운 나라'로 이미지를 변신하니
당황(唐惶 황당할 당, 두려워할 황, 唐慌 다급할 황)스럽네
하여튼 당나라에서 온 빨강 뿌리 당근을 먹어보자
威風堂堂(위풍당당)하게
내 몸을 비타민과 미네랄로 풍요롭게 해 줄뿐만 아니라
암 예방에도 좋다하니

*당근- 당신 근처의 당근
중고 거래부터 동네 정보까지
이웃과 함께해요
가깝고 따뜻한 당신의 근처를 만들어요

*당근의 효능 7가지

당근의 바로티노이드(항산화제)는
암(유방암. 결장암) 발생을 저하시키고
베타카로틴(비타민 A)은 눈 건강(황반보호)을 지켜주고
항산화성분은 자외선을 방지해서 피부를 보호하고
비타민A는 면역시스템을 강화하고
당근의 섬유질은 콜레스테롤을 감소하고
소화에 도움을 주고 변비예방을 해주고
칼륨은 혈압 조절을 통해서 심장을 건강케 해준다

*威風堂堂 -풍채나 기세가 위엄 있고 떳떳함
위엄 위, 바람 풍, 의젓할 당. 正正堂堂

*戊(천간 무, 창 무) -언덕(厂)에서 창(戈) 또는

끝이 뾰죽한 쇠붙이가 달린 창(戊)을 들고 지키다

戌(개 술, 무기 술) - 개(丶)와 함께 지키다

咸(다 함, 모두 함) - 짖는(口) 개와 함께 지키다

威(위엄 위) - 여자가 개와 함께 언덕에서 창을 들고 지키다

成(이룰 성) - 장정(丁)에 이르도록 지키다

茂(무성할 무) - 언덕에 풀이 무성하다

歲(세월 세)=步+戌 , 개(戌)가 산보 한다

개가 걷지 않으면, 세월이 안 가면 죽음이다

歲寒圖

光陰如矢(광음여시) 세월이 화살같이 빠르다

歲月如流(세월여류) 세월이 물처럼 빠르다. 歲月流水(세월유수)

不知歲月(부지세월) 세월이 가는 줄 모른다

虛送歲月(허송세월) 헛세월 보내다

*가는 세월 그 누가 잡을 수 있나요

흘러가는 시냇물을 막을 수가 있나요 (노래 서유석)

이자 앞에 장사 없다

췌장암은 예후가 왜 나쁜가요?
이자 앞에 장사 없기 때문이지요
으 하하하!
돈 앞에 장사 없다는
돈이 새끼 친다는 그 이자(利子) 아닌데

*길이 15Cm인 胰子(이자=췌장 膵臟)는
투 플러스(++) 훌륭한 병졸(卒)들이 지켜도
15%(cm) 이자(膵臟) 앞에 장사 없지요
금리(金利)의 이자(利子)와 췌장의 이자(胰子)는 한글만 같다

*利(이로울 이)=禾+刀=刂
- 곡식을 자르는 칼(刀. 쟁기) *秀의 乃 -빼어나다. 훌륭한 낫
날이 예리한 쟁기는 땅을 깊게 갈아 곡식을 풍성하게 해준다(利益)
날카롭다, 순조롭다, 언변이 뛰어나다

*최악의 암 – 췌장암과 뇌의 교모세포종(膠母細胞腫)
*대뇌 신경덩어리(회백질+백질) 구성
신경세포+교세포(膠. glia=glue=풀. 아교)
*교세포 3종
1) 성상 교세포(영양담당)
2) 소 교세포(감염, 세포손상보호, 면역담당)
3) 핍돌기 교세포(수초생성)

尤庵(우암)

우암은
젊었을 때 말을 잘하는 송시열에게
말에 허물(尤)이 많으니, 경계해서 허물을 고치라고
김판서(1610~1656)가 지어준 송시열(1607~1689)의 號(호)이다
不怨天不尤人(불원천 불우인)
하늘을 원망하지 마라, 남 탓 하지 마라
꽃은 시들어도 바람을 탓하지 않는다
낙타는 모래폭풍이 불어와도 결코 사막을 원망하지 않는다
우리 민족은 神의 자손이라 조상 탓하고, 姓氏가 앞에 온다
서양은 神이 선택한 민족이라 잘못하면 내 탓이라 하고,
이름이 앞에 온다

愼言無尤(신언무우)
말을 삼가면 허물(尤)이 없다

*尤(더욱 우, 다리를 저는 개 우)
1) 한층 더, 더욱, 특히
2) 오히려, 도리어
3) 과실, 허물, 결점,
4) 원한, 원망 - 不尤人 : 남을 탓하지 않는다
5) 훌륭한 사람, 뛰어난 것
6) 으뜸

庵 : 초막에 은거하던 옛 선비들을 뜻함
집(广)으로 크게(大) 돈 벼락(申) 맞은 사람은 이제부터는
돈 욕심 그만 내고 규모가 작은 절(庵 암자 암)에서 지내거라

*就(나아갈 취) - 就業. 成就. 就任. 就職
- 서울 경 京 + 더욱 우 尤
특별히 높다, 도달하다, 나아가다
蹴球 *(축구)의 蹴 -발(足)이 나아가니(就) '차다'

허공을 삼키는 사나이(呑虛)

권력이나 명예 대신 허공을 삼키고
국가와 백성만을 사랑한 스님이 계신다
자신이 죽는 날을 정확히 맞힌다
6·25를 맞힌다
미국의 월남전 패배와
일본의 고베 대지진을 맞힌다
중국이 분열한다는 것을 예언한다
남북한 통일에 평화통일은 없고
약간의 전쟁은 일어나지만
천안 아래는 안전하다고 예언한다
북극의 빙산이 녹아 인류 70%가 사망하고
30%의 선한 사람들만 사는 천국이 온 단다
한국은 서고동저 형태의 땅이 되고
만주 주변을 흡수 통합한 대국으로서
한국의 정신문명이 세계를 리드한다니
우리들은 허공(虛空)의 꿈을 실컷 삼켜(呑)보세

*탄허(1913~1983) 스님, 김제출신 김금택
- 화엄 사상만이 세계적 갈등을 극복할 수 있는 요체로 보았으며
  화엄을 향한 열망은 끝이 없었다
*呑(삼킬 탄)
- 어린아이(夭 어릴 요)는 이가 없어 마구 삼키는(口) 버릇이 생긴다

땅에 떨어질 때는 누구나 똑 같다

무거운 물체는 빨리 떨어지고
가벼운 물체는 천천히 떨어진다고
아리스토텔레스가 말했다
보통 사람들의 생각도 그렇다

서로 다른 크기의 우박들이 동시에 떨어진 것을 본
갈릴레오(1564~1642)는
무게와 상관없이
진공 속에서 두 물체는 동시에 떨어진다고 주장했다

1971년 달나라에 간 아폴로 15호의 우주 조종사가
30g의 새 깃털과 1300g의 망치를 동시에 떨어뜨렸더니
동시에 땅에 떨어지는 것을 확인함으로써
갈릴레오가 옳다는 것이 증명되었다네

사람들도 그렇다네
명예가 많든, 돈이 많든 또는 적든
건강하든, 병이 있든
살아있을 때는 높고 낮음의 나이, 계급이 있었지만
죽어 땅에 떨어질 때 겸손해지는 모양은
모두 평등하다네

*長幼有序(장유유서)

- 어른과 어린아이 사이에는 순서가 있다
  찬물을 줄때도 위아래 순서가 있다
- 길 장 長/어릴 유 幼
- 차례 서 序=广+予(나 여): 矛(창 모)에서 별(丿)을 떼었으니 '주다'
  집(广)에서 나(予)부터 지켜야 하는 것이 '차례'
- 있을 유 有-왼손에 고기(月)가 있다

*矛(창 모), 矛盾(모순, 창과 방패)

*盾(방패 순)=干+目, 눈을 가리는 것이니 '방패'

*自家撞着(자가당착. 자가=자신, 칠 당, 붙을 착)

- 스스로 부딪히기도 하고, 붙기도 한다(앞뒤가 맞지 않다)
- 撞(칠 당) - 잘못한 아이들의 손(扌)을 치다, 두드리다, 撞球(당구)
- 童(아이 동) - 마을에서 서서 노는 어린이

*장유유서와 영어 語順

- 반드시 주어가 있어야 한다
  주+동+목 ++(장소, 시간 작은 것부터)
  의문문 주어 앞에 Do, did, will, can
  부정문 동사 앞에 do not, did not, will not, can not
- 한글은 주어가 없어도 상관없다
- 서양은 이름이 먼저, 동양은 姓氏(선조)가 먼저
- 잘못하면 서양은 내 탓, 동양은 선조 탓

성공의 법칙과 왕관 병 뚜껑의 21개 톱니

성공한 자들의 뇌(腦)가
새로운 행동에 익숙해지는데 걸리는 최소한의 시간이
21일 이상이라 한다(21일, 3주, 성공의 법칙, 몰츠)

긍정적인 뇌 훈련은 21일
부부가 하나 되는 날 21일
현재가 과거가 되는 것도 21일이 지나야 한다(昔=二 十 一 日)

톱니 수가 너무 많으면 병 따기가 힘들고
너무 적으면 탄산의 압력을 못이겨 액체가 샌다
왕관모양의 병 뚜껑도 톱니 수가 21이란 숫자를 아는데
인간들보다 더 똑똑한 거 아닌가?

왜 21인가?
영혼의 무게가 21g이기 때문이다네

삶은 익어간다

사람이 나이 들면 늙어간다고 하지만
詩人 농부들을 익어간다고
시인 산악인들은 오르고 내린다고
시인 수영인들은 모든 삶은 흐른다고
홍어나 두부 장사 하신 분들은 삭아간다고 말한다

醫師들의 표현은 병들어간다고 한다
정말 멋대가리 없는 표현이다
이런 인간들인데도 불구하고
의대 지망생들이 많다는 것은
사회가 병들어간다는 신호가 아닐까?

병에 걸리면 왜 체온이 오를까

핏속에는 3총사가 있다
산소를 이동시켜주는 적혈구
병균을 잡아먹는 백혈구
혈관 벽을 수리하는 혈소판

백혈구는 세균이나 바이러스와 싸우는 과정에서
열(체온)을 올려야
자신의 면역기능을 향상시키고(1℃ 오르면 면역력 50% 증가)
세균이나 바이러스의 활성은 억제시키기 때문이다

암은 저체온에서 생기기 쉬운 병이다(암환자 체온 35℃)
270여 가지 암의 종류 중에서
몸에서 가장 뜨거운 심장과 소장에는
암이 생기지 않는 이유이다

정상 체온은?
36.5℃
왜?
1년이 365일 이니까
으 하하하!

*암 환자들의 체온이 저체온인 이유는?
암세포가 만들어 내는 독성물질이 인체의 자율신경계를
교란시키기 때문
*체온이 떨어지면 발열제인 소금을 먹어라
*C(섭씨) 와 F(화씨)
날씨가 80F 라면, 30을 뺀 50에서
절반으로 나누면 25℃

낡은 가죽(革)

改革(개혁)이란
먼저
자신(몸 기, 己)의 낡은 가죽(革)부터
때려서(때릴 복, 攵) 벗기고 뼈를 깎는 노력을 해야 한다

경제가 어려울 때
졸라 맬 허리띠(革帶)도 없다 하지 말고
남편과 아내가 바뀌고
세상이 바뀌기를 바라지 밀고
나 자신의 가죽을 바꾸어라

자신의 변화 없이는
상대의 변화는 불가능하다
나를 바꾸지 않고선 삶의 개선은 기대하기 어렵다

山에 가는 이유는
山이 오지 않기 때문이다
내가 가야 한다
내가 바꾸어야 한다

가슴앓이 언어를 써 본다
修身齊家 治國平天下(수신제가 치국평천하)
너 자신을 알라(소크라테스)

韓國과 가죽 옷(韋)

동물 껍질(厂)과 털(丨)을 손(又)으로 벗겨낸 것이
가죽 피(皮=厂+丨+又)라네
스물(스물 입, 廿)에서 십(十)으로 절반(中) 줄여서
모양을 잡기 위해 사방으로 고정한 후 햇볕에 말린다
이렇게 혁명적(革命)인 것이 가죽 혁(革=廿+中+十)이다
가죽의 위아래를 발로 밟는다(韋 가죽 위. 에워쌀 위)
성(口) 주위를 돌고 있는 군사들의 발 모양처럼
성벽(口) 상하를 둘러싸고 걸으면서 경계한다
펼쳐 놓은 가죽 위아래를 발로 밟는다
무드질 한다
발이 서로 어긋난다(어그러질 천 舛)

偉大(위대)한 사람은 가죽옷을 즐겨 입는다(偉=人+韋)
인물 됨됨이가 성(口)의 둘레만큼 크다
아침(朝) 햇빛이 성(口)을 비춘다(韓)
韓國이란 태양이 비추는 아침의 나라이며
偉大한 국가는 가죽옷(韋)을 좋아한다는 의미가 담겨있겠네

*피부(皮膚)의 膚(살갗 부)=虍+胃
-피부는 호랑이(虎) 위장(胃)처럼 부드럽다는 말인가?
아니면, 피부는 위장과 관계가 깊다는 뜻인가?
속이 편해야, 위장이 편해야 피부도 고와지겠지요

*혁신 -문어적 의미.
-가죽을 벗겨내고 새것으로 바꾼다는 것이 살벌하기 그지없다. 새로운 변화, 특히 큰 폭의 변화를 만들어내는 것은 매우 어렵고 상당한 인내와 고통마저 필요하다는 함축적 표현이다

쾌유(快癒)하세요

병원에 방문해서
쾌유를 빌 때는
고기 두(巛) 근은 주어야 한다
왜?
병(疒)든 사람에게 1인당 고기 2줄(괴 巛)을 주어야
병이 낫고(癒 병 나을 유) 治癒되기 때문이다

央(가운데 앙)의 좌측 옆구리를 칼로 잘라 펼쳐
마음(忄)을 터놓아 봐(夬 터놓을 쾌)
얼마나 시원한지(快 시원할 쾌)
상쾌한 바람이 분다(A fresh breeze blew)
상쾌(爽快)한 센스가 들어온다

세 사람이 등장하는 글자가 있다
春(봄 춘)은 3 사람이 얼마나 시끄러운지
겨울잠 자던 해님이 깨어난다

大(대인)의 뜻을 따라
산과 산 사이에 낀 峽(골짜기 협),
육지와 육지 사이에 낀 바다(海峽)처럼
끼기만 해도(夾, 낄 협) 의협심이 강한 사람들이라 하는데
유비는 어깨 사이에 의리 있는 X맨(爽)이

4명(관우, 장비, 조자룡, 공명)이나 끼어있으니
얼마나 爽快(상쾌)한가?

*상쾌한 유비
어깨에 X맨 4명을 낀 사나이 – 관우, 장비, 조자룡, 제갈공명
명심보감 제 2장
한소열(漢昭烈)이 장종(將終)에
勅後主曰勿以善小而不爲(칙후주왈물이선소이불위)하고
勿以惡小而爲之(물이악소이위지)하라
촉한(漢나라)의 소열 황제(유비. 현덕 AD 161~223)가 죽을 때
맏아들(유선) 後主(후주)에게 조칙을 내려서 말하기를,
선이 작다하여 아니하지 말며
악이 작다하여 행하지 말라 하였다
바늘 도둑이 소도둑 된다

사명(四溟)대사

서쪽 묘향산에 계셨다는 西山대사는
72세 때 임진왜란에 참전하셨고
제자 사명대사는
49세 때 임진왜란에 참전해서
혁혁한 공을 세운 분이다

불을 뜻하는 일본이라
불길을 끄는 데는 물이 최고라고
그 이름부터가
사방(四)에 바다(溟), 四溟이라 지었으니
그 예지가 놀라우신 분이다

이비인후과에는 사명대사가 많다
왜?
이명(耳鳴) 환자 두 분만 오시면 사명

*冥(어두울 명) - 겨울철에는 오후 6시가 되면
해가(日)가 가려져(冖) 어두워진다
溟(바다 명) -바다는 물(氵)이 깊어 어둡다

*서산대사(1520~1604)의 해탈시(解脫詩)
- 73세에 승병(임진왜란)을 일으켰고, 85세 입적 시 제자들에게 들려준 詩

근심 걱정 없는 사람 누군고
출세하기 싫은 사람 누군고
시기 질투 없는 사람 누군고
흉허물 없는 사람 어디 있겠소

가난하다 서러워 말고
장애를 가졌다 기죽지 말고
못 배웠다 주눅 들지 마소
세상살이 다 거기서 거기외다

가진 것 많다 유세 떨지 말고
건강하다 큰 소리 치지 말고
명예 얻었다 목에 힘주지 마소
세상에 영원한 것은 없더이다

잠시 잠깐 다니러 온 이 세상
있고 없음을 편 가르지 말고
잘나고 못남을 평가하지 말고
얼기설기 어우러져 살다나 가세

다 바람 같은 거라오
뭘 그렇게 고민하오
만남의 기쁨이건 이별의 슬픔이건
다 한 순간이오

사랑이 아무리 깊어도 산들바람이고
외로움이 아무리 지독해도 눈보라일 뿐이오
폭풍이 아무리 세도 지난 뒤엔 고요하듯
아무리 지극한 사연도 지난 뒤엔
쓸쓸한 바람만 맴돈다오

다 바람이라오
버릴 것은 버려야지
내 것이 아닌 것을

가지고 있으면 무엇하리오
줄 게 있으면 줘야지
가지고 있으면 뭐하겠소

내 것도 아닌데
삶도 내 것이라고 하지 마소
잠시 머물다 가는 것일 뿐인데 묶어둔다고
그냥 있겠오

흐르는 세월 붙잡는다고 아니 가겠소
그저 부질없는 욕심일 뿐
삶에 억눌려 허리 한번 못피고
인생 계급장 이마에 붙이고 뭐 그리 잘났다고
남의 것 탐내세요

훤한 대낮이 있으면 깜깜한 밤하늘도 있지 않소
낮과 밤이 바뀐다고 뭐 다른게 있겠소
살다 보면 기쁜 일도 슬픈 일도 있다만은
잠시 대역 연기하는 것일 뿐

슬픈 표정 짓는다 하여 뭐 달라지는 게 있소
기쁜 표정 짓는다 하여
모든게 기쁜 것만은 아니요
내 인생 네 인생 뭐 별거랍니까

바람처럼 구름처럼 흐르고 불다 보면
멈추기도 하지 않소

그렇게 사는 겁니다

서산대사(1520~1604)가 85세에 입적할 때 하신 말씀에
1520년 선배인 예수님이 한 말씀 보태신다
(박혁거세와 클레오파트라는 예수님 탄생 전 BC 69년생 동기이다)
예수보다 551년 선배인 공자(BC 551~BC 479)님이
아는 것 보다, 좋아하는 것 보다, 즐기는 것이(지호락 知好樂) 최고라 했지요

이제, 서산대사도 그저 체념하고 인생을 달관하듯 알고(知) 좋아하지만(好) 말고
천국에 와서 함께 즐겨보시는(樂) 것이 어떠신지요.
천국에서는 근심, 걱정, 염려(念慮) 없이 즐길 수 있나요?
염려의 慮(생각할 려 =虎+思)는
山길 가다 호랑이를 만날까 봐 두려워하지 말라는 뜻이지요
지금은 그런 산길 호랑이도 없고,
호랑이가 늙은이들은 맛이 없다고 잡아먹지도 않지요
一水去士(일수거사. 한 물 간 사람)라고?
으 하하하!

*사명대사(1544~1610) 66세, 다윗 왕 70세, 공자 73세에
이 세상을 먼저 떠난 분들에게
더 오래 살았던 서산대사(1520~1604. 84세)가 하신 말씀 한마디
"다 바람이라오"

*바람과 함께 사라지다(Gone with the wind), 마거릿 미첼
女주인공이 마지막 문장에서 虛空을 향해 처절하게 외친다(呑虛)
그래, 내일은 내일의 태양이 뜬다(Tomorrow is another day)
*다산 정약용이 가장 싫어하는 두 단어,
하는 일 없이 세월을 보냄. 시간을 소비해서는 안 된다는 '消日(소일)'
*消火(불을 끔),
*消(꺼질 소, 사라질 소 = 氵+肖) -물이 말라 없어지다
-물이 작게 부서져 수증기로 변하여 사라지다. 빠지다. 약해지다. 쇠하다.

심심할 때가 가장 행복하다

이웃에게 빛과 소금이 되어라
소금기 없는 너 자신은 심심하지만
그 때가 근심 걱정 없는
가장 행복한 때 이니라

*禪은 혼자(單) 있을 때
가장 심심할 때,
가장 조용할 때 神(示) 이다

넌 단단한 껍질이 있니?

튀기다
기름을 이용해서 껍질을 바싹하게 만든 돈까스
열을 이용해서 껍질을 튀기는 튀밥
부풀어 오르게 하는 요리법이다
액체상태의 물이 기체가 되면
부피가 1700배 팽창이 일어난다
갑자기 부자가 되니까
기분이 좋아지고 더 맛이 더 좋아진 걸까?

뇌신경 중에 제7뇌신경(안면신경 Facial nerve)은
귀밑의 facial canal 이라는 좁은 구멍을 지나 얼굴로 분포한다
안면신경에 염증(발열+종창+발적+통증)이 생기면
그 熱 때문에 신경이 부어오르는데
이 안면신경의 껍질(좁은 구멍)이
팝콘처럼 껍질이 터지지 않기 때문에
부어 오른 신경이 망가지게 된 것이다(괴사)
그 결과로 안면신경이 마비가 되어
얼굴 한쪽이 비뚤어진다
이때는 한방의 침 보다는 팝콘처럼 껍질을 벗겨주는
안면신경 감압술(facial nerve decompression)을
2주 이내에 해주면 좋아진다네

*염증의 싸가지(4가지 조건)

1) 발열
2) 발적(염증부위가 빨갛게 올라옴)
3) 종창(부움)
4) 통증(아픔)

가짜 아카시아(false, pseudo acasia)

호주의 국화는 노란색의 꽃을 피우는 아카시아이다
golden acasia, golden wattle(골든 와틀)이라 한다
아카시아의 어원은 그리스어 akis(가시)이다
아카시아 나무는 꿀이 많은 꽃이 있고
이상화탄소 흡수량이 크며
대상포진(herpes)의 항바이러스를 가지고 있다

꿀벌 1마리가 하루 1천 송이를 중매하는데
아카시아나무가 줄어드니 꿀벌도 줄어든다

원래 우리나라 아카시아는 흰 꽃이 피어나는 '아까시' 나무인데
이 노래 때문에 가짜 아카시아가 된 것이다
'동구 밖 과수원길
 아카시아 꽃이 활짝 폈네 ....'

*호주에서는 아카시아 가지를 엮어서(to weave 엮어서 짜다)
울타리를 만들었는데, 울타리를 만드는데 사용되는 나뭇가지, 말뚝,
틀을 wattle이라 한다
*Golden wattle - 노란 아카시아
뜻: 통합. 일치
*호주 국가 대표선수들이 즐겨 입는 유니폼
- 노란색(꽃)+ 초록색(잎)
*꿀벌 1마리 하루 1,000송이 중매, 10일(1만 송이), 100일(1백만 송이)
천국 가려면 일생 100만 송이 장미꽃을 피워야 한다.

겸손하면 복 받는다

인류(human)의 어원은 겸손(humilitas)
또는 흙(humus)이다
가장 낮은 흙처럼 겸손하라는 뜻이다

지구는 1년(365일)에 한 번씩
몸을 23.5도 우측으로 기울린 삐딱한 자세를 취하면서
태양을 돈다(공전)
태양 우측으로 올 때는 고개를 뒤로 젖힌 삐딱한 자세 때문에
빛을 적게 받아 추운 겨울이 되고
태양 좌측으로 올 때는 고개를 태양 쪽으로 숙이는
겸손한 자세가 되어 빛을 많이 받는 따뜻한 여름이 된다

인류를 human이라고 이름을 지어주신 이유는
하나님께서 겸손하게 고개를 숙일 때만(23.5도)
복을 주신다는 뜻이 아닐까요?

*얼굴(북반구)을 앞으로 내밀어야 몸도 따뜻해 진다(여름)
몸이 따뜻해지면, 마음도 따뜻해진다(용서)

*겸손하려면, 허리를 앞으로 23.5도 구부려라
*허리를 굽힐 때 통증이 사라지면 척추관 협착증이다
(허리를 구부리면 일시적으로 척추관이 넓어져 통증이 사라짐)
얼마나 뻣뻣하고 속이 좁으면(stenosis) 허리를 굽히라는 병에 걸렸을까?

얼마나 뻣뻣했으면, 지구가 23.5도로 기울었을까?
으 하하하!

반대로 허리를 굽힐 때,
통증이 더 심해지면
요추간판탈출증(허리디스크 Lumbar disc herniation)이다
*herniation(탈장), 척추관 협착증(spinal stenosis)

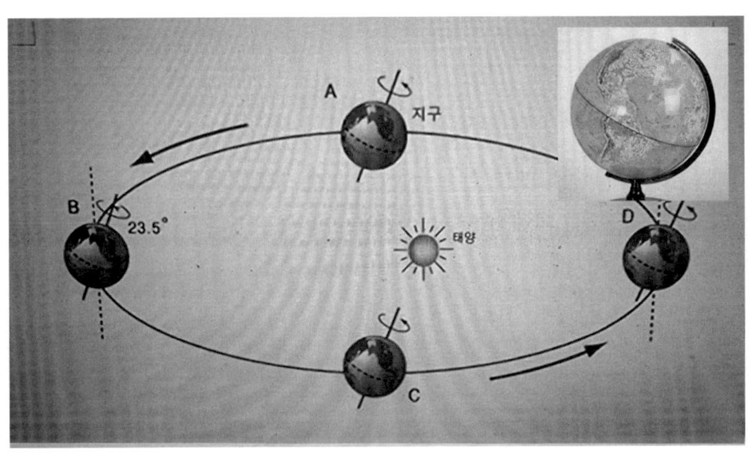

*B= 여름(하지), D= 겨울(동지)

입안에 군침이 돈다

마트 입구에 과일이나 꽃을 배치한 이유를 아시는지?
알록달록 화사한 색상의 과일이나 꽃을 보면
기분이 좋아지고 밝은 색 때문에 발걸음이 가벼워진다
물건을 사고 싶다는 군침이 돈다
더더군다나 축복의 계절 여름에는
길어진 해 때문에 노래가 절로 나오고
핀 꽃과 필 꽃이 가득하고
푸르고 울창해진 나무마다
단물을 머금은 과실이 토실토실 여물어 군침이 돈다

입안에 군침이 돌면
행운의 여신이 좋아하는 입가에 웃음도 돈다
한번 웃으면 모르핀 보다 200배가 더 강한
엔도르핀이 나온다
인체면역계가 강화되어
암세포를 죽이는 킬러세포(NK세포)가 많이 생성된다
그래서 암이 제일 싫어하는 것이 웃음이다

한번 웃으면 한번 젊어지고
한번 화를 내면 한번 늙는다(一笑一少 一怒一老)
병원에서
바늘로 엉덩이를 찌르는 아픈 순간에도

웃고 싶다는 군침이 생기게 하라. 웃어라
으 하하하!

잠자는 영혼을 일으켜 세워
웃고 싶다는 군침을 입안에 만들어 주는 사람들과
육신이 은퇴한 후
은퇴가 없는 영혼 여행을 하고 싶다

*군침 – 입안에 도는 침

가톨릭교와 그리스도교가 30년간 싸운 이유

1600년대 조선이
豐臣秀吉이 일으킨 임진왜란(1592~1598)과
인조반정(1623년)으로 광해군을 폐출시키는 시련을 겪을 때,

14세기 이후 신교가 탄생한 독일에서는
가톨릭교와 그리스도교 지도자들의
하나님에 대한 경건이 아니라
우상화로 인한 하나님의 진노 때문에
30년간(1618~1648년)전쟁으로4 00여만 명이 사망했다

395년, 로마를 수도로 한 西로마와
터키 지방의 비잔틴을 수도로 정한 東로마, 둘로 나뉜다
서로마제국은 476년에 멸망했지만,
동로마제국은 터키 이스탄불(콘스탄티노플, 비잔틴)이라는
고대 그리스인들의 식민지 도시를 건설하여
(초대王 비자스=뷔잔타스=비잔틴)
고대 그리스, 로마문화의 전통과 동방문화를 흡수하여
5세기 말에서 터키의 오토만 제국에 함락된 1453년까지
약 1천 년간에 걸쳐 건축과 미술이 뛰어난 황금시대를 이루었다

사람의 마음이란?
구교와 신교가 서로 더 훌륭하다고 생각한 지도자들,

가출한 탕자보다는 아버지의 긍휼함을 이해 못한 착실한 큰아들,
전쟁에 참여하지 않는 자들에게
전리품을 주지 말자는 병사들의 마음이다

하나님의 사람이란?
브솔 시냇가에서 전쟁에 참여한 400명이나 불참한 200명에게
똑같이 전리품을 나누어 준 다윗(사무엘상 30)처럼,
노동시간과 상관없이
아침에 온 일꾼이나 저녁 늦게 온 일꾼에게
모두 동일하게 한 데나리온 씩 품삯 지급한 포도원 주인처럼,
가출한 탕자에게 긍휼을 베푸는 아버지처럼
하나님 나라에 대한 소망이 있고
오직 하나님의 영향력 아래에만 살고 싶은 사람들이다
(여호와는 나의 목자시니),

하나님이 가장 싫어하시고 진노하신 것은
10계명의 첫 번째
하나님에 대한 불 경건, 더 나아가
사람을 우상 숭배하는 것이다
인간은 우상으로 존경할 대상이 아니다
그래서 전쟁이 생긴 것이라네

하나님이 제일 싫어하는 사람은?
교만(긍휼 차단제)한 자
하나님의 矜恤(긍휼)을 누릴 수 없기 때문이라네

*브솔(Besor) 시냇가, 품삵, 돌아온 탕아
- 동성애자들을 대하는 태도: 죄는 미워하되 사람은 미워하지 마라
*브솔 시냇가-다윗이 불레셋 망명시절 마을
아말렉 족속이 이 마을을 공격해서 마을사람 모두를 납치했으나
다윗 군대가 다시 찾아오고, 승리의 공로는 하나님이시라고 찬양했으므로
'잔치, 기쁨, 복음'의 상징이 되었다
*禪=示+單
- 神은 홀로(單) 있기를 원한다, 다른 神을 섬기지 마라

*긍휼(矜恤) - 불쌍히 여겨 돌보아 준다
矜(자랑할 긍) = 창 모 矛+이제 금 今
지금 창을 가지고 있으니 '자랑하다'
곧 전쟁터에서 죽을 수도 있으니 '불쌍히 여기다. 삼가다'
恤(불쌍히 여길 휼)
전쟁터에서 피(血)를 흘리고 있는 사람을 보면 불쌍한 미음이 든다

세상에서 가장 늦은 졸업식

2023년 7월 15일(토) 천안 독립기념관
겨레 누리관 컨벤션 홀에서
'세상에서 가장 늦은 졸업식'이 있었다
퇴학 당한지 95년만에(광복절 75주년)
국가 보훈부(박민식 초대 장관)에서 주는 명예졸업장을
어머님 대신 받았다
너무 감격스러웠다. 국가가 자랑스럽다

하늘에 계신 어머님(130901.李 順. 2019년 대통령 표창)이
광주여자고등보통학교 2학년 때
광주학생독립운동(1929)에 참여했다가
퇴학 당한지 95년 만에 받는 감격스러운 졸업장이다
어머님이 자랑스러웠다

하늘도 감격했는지 천안 독립기념관까지 가고 오는 6시간
자동차길 내내
폭우가 쏟아졌다(그날 14명 사망)

1919년 – 대한민국 원년으로 공포(광복회. 이종찬 회장)
상해임시정부 수립(민주 공화제. 군주의 나라에서 민주의 나라)
– 백범을 중시 *당시 7세인 김일성(1912~1994)은 반대
1948년 – 남한 단독정부 수립 –이승만을 중시(건국 대통령)

대한민국이라는 건국을
유엔과 국제사회로부터 국가로 인정
*생일은 태어난 날을 기준(임신한 날은 알 수 없으므로)

1919년은 한국임시정부의 시작이고
1948년은 한국정식국가의 시작이다(4807)

*38명의 독립유공자 후손들이 참석한 졸업식 행사의 협찬은 '빙그레' 회사가 해 주었으며, 이날 받은 명예졸업장, 졸업 앨범사진첩, 사진 등은 2019년에 대통령 기념훈장을 기증했었던 전남여고 역사박물관에 기증했다

명예졸업장

이 순
李 順

위 학생은 독립운동을 했다는 이유로
부당한 퇴학을 당했지만,
그 어떤 학생들보다도 귀감이 되어
이 졸업장을 수여합니다.

2023년 07월 15일

국가보훈부 장관 박 민

인생 장학생(80세)

대학에서 80점 이상이면 B학점이다
B학점 이상이면, 장학생이 되어 학비가 면제된다
인생에서 80세를 넘기면 B학점이다
B학점 이상이면 장학생이 되어
와다 히데키 醫師의 '80세의 벽'처럼
병원으로부터 자유롭게 되는 혜택을 받는다

열 자식 보다는 배우자가 낫다
운전, 배움, 학습 등 할 수 있는 것은 계속하라, 멈추면 늙는다
음식, 술, 체중을 조절하지 마라. 참지도 말고 무리하지도 마라
하고 싶은 대로 먹고 마시고 다녀라,
건강검진을 받지 마라, 비정상 수치가 더 많은 것이 정상이다
약은 최소한으로 먹어라
콜레스테롤을 낮추다 보면 암의 진행이 빨라지고
면역기능 저하로 감기, 독감에 쉽게 걸려
혈관계 이상이 아니라 폐렴으로 죽을 수 있기 때문이다
고혈압 치료를 하다 보면 좁아진 혈관에
충분한 혈액이 가지 못하므로
저산소, 저체온, 저혈당으로 나빠질 수 있기 때문이다

80세가 되면 B학점 장학생이니까 병원이나 약 보다는
상담 잘해주는 친구 같은 의사를 만나면 좋다네

나옹 선사는 말없이 살라하고
히데키 의사는 病에 대해서 신경 쓰지 말라하니
그냥 죽어라는 뜻인가?

*葬送曲(장송곡) 들을 자격 - 80 이 넘어야 한다
왜?
送=八+天+辶, 천국(天)을 갈려면(辶) 八 이상이라

*獎學生(장학생)
將(장수 장, 장차 장)=나무조각 장 爿+고기 육 肉+寸
- 제사상(爿)위에 고기(肉)를 손(寸)으로 올리다
바치다. 이끌다(將帥). 나아가다(將來)
獎(권면할 장, 칭찬할 장. 권면할 장)=將+犬
- 개고기를 주어 용기를 복돋아준다(獎勵 장려)
- 獎學生. 獎忠壇 공원
*장충단공원 - 1895년 을미사변으로 황후가 시해될 때 일본군과 맞서 싸우다
순직한 장졸들의 영혼을 기리고 표창하며 제사 지낸 곳

콜레스테롤을 낮추는 7가지 음식

콜레스테롤은 호르몬의 좋은 원료이다
그러나 너무 많으면 문제를 일으킨다
이러한 나쁜 콜레스테롤과 피딱지(혈전)를
혈관에서 처리 방출하면
딱딱한 동맥이 부드러워진다

補藥에는 食補, 藥補, 行補(운동)가 있는데
부작용이 있는 藥補 보다는 식보가 더 마음을 당긴다
등 푸른 생선(불포화지방산), 마늘(혈전을 녹여주는 알리신)
양파(혈관 청소부), 생강
호박씨(풍부한 마그네슘이 심근경색을 예방)
표고버섯, 해조류(미역·다시마·톳) 등이
혈관을 깨끗하게 해주니
마음이 편하네

*藥補(고지혈증 치료약)의 부작용 – 근육통, 당뇨 발생, 간 이상

*치매 예방
1) 잘 자라
2) 소식(小食) 하라
3) 운동
4) 기억장치 해마를 손상시키는 만성스트레스를 명상으로 피하라
5) 새로운 것을 배워라(새로운 세포 생성)

6) 다정하게 대화를 해 주어라(5감 중, 청력이 가장 오래 간다)
- 다른 기억을 사라지더라도
  감정기억은 사라지지 않는다

k2 전차와 k2 비타민

골다공증 치료약 먹고
오히려 뼈가 더 잘 뿌러지고, 턱에 괴사가 올 수 있다던데요?
조골세포 보다는 파골세포의 활동을 중지 시키므로
뼈의 질이 나빠서 그럴 수 있지요
큰 일 인데요
희소식이 있어요
K2가 풍부한 음식을 먹으면 되지요
폴란드에 수출한 탱크, K2 전차 말인가요?
아니에요.
koagulation(독일어 K. coagulation 응고)에서 따온
비타민 K2를 이야기 하지요
옛날에는 응고제 K1만 있었지만, 요즘 발견된
비타민 K2는 항암, 당뇨, 혈압을 개선하고
심혈관질환(동맥경화), 골다공증, 충치 예방
전립선. 직장, 간의 암 예방에 도움이 되지요

장 속의 음식에서 Ca이
비타민D의 도움으로 혈관으로 가고
K2의 안내로 혈관에서 뼈로 이동한다
(칼슘이 신장으로 이동할 때는 비타민 A의 도움을 받는다)
비타민 K2를 먹을 때는 비타민 ADEK2가 섞인 것을
1일 2알 먹거나,

낫또(K2+에스트로겐)를 1일 50g씩 먹으면 골밀도가 높아진다

나이 들면 뼈 속의 칼슘이 혈관으로 나와 몸이 굳어지는데(석회화)
거꾸로 혈관에 있는 칼슘을 K2를 이용해 뼈로 이동시키면
몸이 유연해 지지요.
춤 한번 춰 볼까요?

*와파린을 복용하는 환자는 K(응고제)를 피해야 한다
*K2 흑표(黑豹) black panther(검은 표범)
*표범 – panther, leopard
豹(표범 표) = 豸(해태 치)+勺(작을 작)
*勺(작을 작) - 국자(勹)에 담긴 1홉의 1/10 '작다'
的(과녁 적) - 조그만(勺) 표시로 하얗게(白) 표시된 곳 '과녁. 목표'
豹(표범 표) - 작은(勺) 무늬가 있는 맹수(豸) '표범'
約(맺을 약) - 실(糸)로 조그마하게(勺) 묶으니 '맺다. 약속하다'
灼(사를 작) - 작은(勺) 불(火) '불똥, 사르다'
燒灼(소작) cauterization
豸(해태 치) - 몸을 웅크리고 등을 굽혀 먹이를 덮치는 모양

*응고(凝固) - 핏덩어리가 언킨다
凝(엉길 응) - 빙판(冫)을 건너도 될지 의심한다(疑)
固(굳을 고) - 액체상태의 콩물(끓인 순두부)을 오래도록(古)
사각 틀(口)에 담아 눌러서 물을 빼고 굳히다
*골다공증에 좋은 옥수수
- 옥수수에는 비타민 B(파골세포 억제 성분)와
칼륨, 망간이 풍부하다

*치과에서는 아스피린과 골다공증 약을 복용하는 환자를 싫어한다

忠壯路(충장로)와 裝甲車(장갑차)

최전방 적진에서 직접 싸우는 탱크(전차),
후방에서 포탄을 쏘는 자주포 외에
적진으로 아군 보병을 안전하게 이송시키는
장갑차도 있다
裝甲車(장갑차)는
도끼(士)로 나무(木)를 찍어버리는(爿 나무 조각 장)
씩씩한 장(壯. 장할 장)으로 껍질에(甲) 옷(衣)을 입혀
단단하게 치장한(裝. 꾸밀 장) 탱크의 동생이다
장갑차는 11명(승무원 3명+보병 8명)이 탈 수 있으며
호주에 수출하는 레드백(redback spider. 등이 붉은 독거미)이라는
장갑차 때문에 더 유명해 졌다
광주에는 충성스럽고 씩씩한 장군이라는 뜻의
김덕령 장군을 추모하는 忠壯路가 있다

손에 낀 장갑을 가리킨다
이 장갑 역시 장갑차의 장갑?
으 하하하!
그 장갑(掌匣)은
손바닥 장(掌)과
갑옷을 담아서 보관하는
상자(匣=상자 방 + 갑옷 갑 甲)라는 뜻이라네
掌(손바닥 장)자에

왜 尙(높이다. 崇尙 숭상하다)자가 들어가나요?
손바닥과 발바닥은 아래로 향하고 있지만
손(手)을 높이(尙) 들어야 손바닥이 보이기 때문이라네

*甲 -갑옷(껍질) 갑
*僞裝(위장) -거짓으로 꾸밈
*豪言壯談. 忠壯路. 莊子
*老益壯 - 늙었지만, 의욕이나 기력이 점점 좋아지는 노인
*골프장갑(掌匣)은 힘이 더 들어가는 왼손에만 끼는 이유
- 스윙 중에 손에서 클립이 회전하거나 움직이는 것을 방지
- 반복적인 스윙으로 인한 손의 물집 예방
- 악천후나 추위로부터 손 보호

裝飾(장식)
裝(꾸밀 장. 성할 장) -壯+衣 옷을 성하게(壯) 차린다. 꾸미다
忠壯로. 强壯劑
爿(조각날 장) 왼쪽.
壯(장할 장) - 나무(爿)라도 들고 싸우는 선비
- 나무조각 평상 또는 침상(爿)에서 자는 모습이 씩씩하다
士 -하나(一)를 들으면 열(十)을 아는 재능을 가진 선비
雄壯(웅장). 宏壯(굉장)하다. 英雄
- 宏(클 굉)
莊(풀 성할 장) -풀이 씩씩하게 자란다. - 別莊. 山莊
藏(감출 장)=++ +爿+戈+臣
-창(戈)을 든 장수(爿)를 보고 신하(臣)가 풀(++) 속으로 숨는다
臟(오장 육부 장)=月+藏 . 몸속에 숨어있는 오장(伍臟). 心臟
飾=食+人+巾 - 사람(人)이 행주(巾)로 식기를 닦는다, 꾸미다
食=人+良 사람이 좋아하는 것 '밥. 먹다'

외모(外貌)

최전방에서 적을 대면하여 직사로 적을 공격하는
우리나라의 K2 블랙 팬터 탱크와
적과 멀리 떨어진 후방에서 곡사포로 포를 날려서
적을 공격하는 K9 자주포
외모가 흑표(黑豹) 표범처럼 예쁘다
그래서 성능도 훌륭하다

예쁜 게 맛도 좋고, 멋쟁이는 부지런 한다더니
外貌는 참 건강의 지표가 된다
외모를 깔끔하게 하는 것은
나를 존중하고, 타인을 존중하는 것이다
건강상태를 부지런하게 체크하는 것이다
그래서 수명도 길어진다

단, 하나님은 외모로 사람을 취하지 않는다
勿取以貌(물취이모)
열길 물속은 알아도 한 길 사람 속은 알 수 없기 때문에

*豸(웅크릴 치. 해태 치) -웅크리다. 사납다
-동물들이 먹이를 포획할 때는 몸을 웅크리는 모습
*貌(모양 모)=豸+白+儿. 美貌(미모). 사건의 全貌(전모)
皃(얼굴 모) =白+儿.

- 皃처럼 皃는 白(얼굴)+儿으로 사람의 얼굴을 본뜬 모습

*外貌(외모) -겉모습

外(夕+卜. 점 복) -점은 낮에 보는 것이 원칙이지만,
관습을 벗어나 예외적으로(관습의 바깥)
밤(夕)에 점 치로(卜) 밖으로 나간다

*勿取以貌 – 외모를 보고 사람을 판단해서는 안된다

*잘 입은 거지는 밥을 얻어먹을 수 있지만,
벌거벗은 거지는 매 맞고 쫓겨난다.

*샤넬 – 상대를 외모로 판단하지 마라
그러나 명심하라. 당신은 외모로 판단될 것이다.

*하버드 대학 정문에 있는 글귀 – 사람을 외모로 판단하지 말라!
하버드 대학에 막대한 기금을 기증하기 위해 총장실을 방문한
허름한 모습의 노부부를 보고 총장이 거만을 피우자
그 노부부는 고향에 돌아와서 스탠포드 대학을 설립했다
그때 괄시하지 않았더라면 하버드 대학은 놀랄만한 발전을 했을 텐데...

복숭아 뼈

복사는 복숭아의 준말이다
발목 부근에 안팎으로 둥글게 나온 뼈를
복숭아뼈 또는 복사뼈라 한다
복숭아꽃이 많이 피는 마을, 복사꽃 마을(桃花洞, 桃花里)
중국이 원산지인 복숭아나무의 열매는 예부터
신선들이 먹는다고 신성시했다
민속신앙에서는
나쁜 기운을 몰아내고 귀신을 쫓는다
'귀신에 복숭아나무 방망이'라는 속담도 있다
제사상에 복숭아를 올리지 않거나
집 울타리 안에 복숭아나무를 심지 않는 이유는
후손들이 웃으면서 행복하게 사는 것을 보려고
제삿날에 오시는 조상神이
행여나 집으로 들어올 수 없기 때문이라네

*malleus – 망치골(骨), 槌骨(추골), 해머, 나무망치
*복숭아뼈(malleolus) – 복사, 果, 작은 망치, 작은 해머
- condyle. malleolus. ankle bone
- 발목 양쪽의 튀어나온 내외 양측의 부위
內(tibia) - 안 복사뼈, 경골(脛骨, 정강이 경), 촛대 뼈, 정강뼈
- 몸에서 가장 무거운 체중을 받치고 있는 뼈(정강이 뼈)
- 두꺼운 뼈
- 정강이를 걷어차다,

- 공자 촛대 뼈 까는 말씀(조롱하다, 공허한 뻴소리)

外(fibula) - 바깥(가쪽) 복사뼈, 종아리뼈, 비골(髀骨. 넓적다리 비),

- 촛대의 초꽂이 못, 조이다, 고정하다, 걸쇠 역할

- 얇은 뼈

*TF team(특별 대책반. task force)

T(Tbia), F(fibula) 다리의 TF 팀, 경골, 비골(경비 팀)

*徑(지름길 경)

- 물(巠)같이 빨리 가는(彳) 길, 지름길

頸(목 경) -머리(頁)

부분에서 물줄기 역할 하는 곳 '목'

髀(넓적다리 비)

脛(종아리 경)

*卑(낮을 비)=田+丿+十(왼손 좌 屮의 변형)

- 왼손(십=좌)을 뻗쳐(丿) 주인에게 부채(田)질 해주는 낮은 신분의 종

*卑怯(비겁) - 낮을 비, 겁낼 겁, 비열하고 겁이 많다

*去(갈 거)=흙(土)에 마늘(厶)이 많으면 냄새 때문에 '간다'

法(법 법) - 물(氵)처럼 정확히 기니 '법'

怯(겁낼 겁) - 마음(忄)이 떠날(去)정도로 '겁나다'

却(물리칠 각) - 어른 앞에서는 무릎 꿇고(卩) '물러나다'

*髀肉之嘆(비육지탄) - 유비가 뜻을 이루기 전, 허송세월을 보낼 때 했던 말

- 넓적다리에 살이 붙음을 탄식한다

*제사는 4대(부모·조부·증조·고조)까지만 지내는 이유

사람이 죽으면 '氣의 파장'이 100년까지 유지되면서

후손들에게 영향을 미치기 때문

1대를 25년으로 기준을 삼으면 4대조 까지가 100년에 해당한다

제삿날은 천상에서의 생일날이다

*죽은 사람에게는 짝수가 음이므로 2번 절하고

산 사람에게는 홀수가 양이므로 1번 절한다

*복숭아뼈 잘못 건드렸다가

발목을 삐었다

삐끗했다

접질렀다

다행스럽게 정형외과에서 X-ray, 초음파에 골절이 없어
발목 외측복숭아뼈 점액낭염(lateral malleolar bursitis)이라는
진단 하에 약도 먹고
복숭아뼈 주변의 물풍선을 빼기 위해서
냉찜질에 한의원 침도 맞는다
4주간 혼쭐이 났다

조상님 죄송합니다
神仙들이 좋아하시는 복숭아
절대 건드리지 않겠습니다

* 염좌(비틀 염 捻, 꺾을 좌 挫) sprain. distortion. 비틀고 꺾는다
-관절. 힘줄. 신경 등이 삐었다.
삐끗했다. 삐다. 비틀림. 접질렀다. 삠. 접질림.
-捻 - 머리를 손(扌)으로 비틀고 쥐어짜서 생각(念)을 짜내다
-挫 - 손으로 앉게하니 '꺾다. 바로잡다'

* 당구, 히네루(捻) 빗겨치기. 틀어치기

박(park)氏의(in) 아들(son)
= 파킨슨(Parkinson)병

나이 80이 넘으니
움직일 때 온 몸이 굳은 느낌이네
저 멀리서
朴氏의 아들(son)들이 같이 놀자고 손짓하네

*파킨슨병
- 원인(불확실) : 중간뇌(midbrain)에 있는 검은 갈색의 큰 회백질에 있는
  (흑색질 substantia nigra) 골격근의
  무의식적 운동을 담당하는 도파민(dopamin) 신경세포의 소실
  중추신경계 퇴행성질환
  가족력, 환경적 영향, 독성물질 등
- 증상 : 신체움직임 둔해지고, 손이 떨리고(물건을 잡을 때는 안 떨림),
  근육 강직 때문에 우울증, 치매도 생김
  사회접촉 회피, 고집이 세다
- 치료 : 글루타치온(백옥주사) 주사
  강력한 항산화 성분
  노화방지, 피부 미백 해준다고 백옥주사라고도 함
  파킨슨병 환자의 뇌의 흑질에는 글루타치온 양이 정상보다
  떨어지므로 보충해주는 치료.
  레보도파(도파민 전구체), 카르비도파

*파킨슨병과 유사한 질병
- 세가와(Segawa) 증후군(비정상적인 걸음걸이)
  도파민 부족으로 생기는 근육긴장 이상증.
  도파민 치료약으로 호전

*백혈병 치료제(타시그나=닐로티닙)로 小腦 위축증의 정상보행, 언어능력 회복

*티아민(Thiamin-thio 黃+vitamin) -피로회복에 사용
- 포도당을 뇌 에너지로 전환시키는데(피로회복) 필요한 비타민
- 비타민 B1의 구조에 유황을 함유했다고 티아민이라는 이름이 붙음

*고지혈증 약물 부작용 -근육통(근육이완), 당뇨발생, 간 이상
루게릭병, 소뇌 위축증, 구음장애, 다리에 쥐나는 사람들에게
사용하면 안된다

*朴興夫(흥부와 놀부)
*고지혈증 약물의 3대 부작용
a) 근육통(근육 이완), b) 당뇨 발생, c) 간(肝) 이상
따라서 고지혈증 약물을 루게릭병, 소뇌 위축증, 구음장애,
다리에 쥐나는 사람들에게 사용하면 안된다
*늙어 가면, 朴氏 아들(파킨슨 병)과 왈츠 아지메(알츠하이머)를 기억하라
치매는 머리(인지장애) 병이고, 파킨슨은 몸(육체 떨림) 병이다
*파킨슨병 치료약 레보도파- 처음 5년은 기적 같은 약이다
모두 진행성 질병이므로 약을 먹어도 점점 나빠진다
*당뇨병 치료약, 글루카곤 유사 펩타이드(GLP-1)는
3형 당뇨병(치매), 비만, 파킨슨병에도 도움이 된다

파킨슨病의 도파민과 당뇨病의 케톤

파킨슨병을 일으키는 dopamin(도파민)은
Di Oxy Phenyl Alanine의 줄임말이다
아미노산의 일종인 페닐알라닌이 전구체이며
쾌락과 보상, 운동제어 등
다양한 기능을 조절하는 신경전달물질이다
도파민이 부족하면 생기는 병이 파킨슨병이다

당뇨병과 관계있는 케톤(keton)은
독일어 아케톤(aketon)이 어원인 아세톤이다
또 식초?
약방에 감초네
케톤은 카보닐기에 탄소 사슬이 결합된 화합물(RCOR)이다
2차 알코올을 산화시켜 얻을 수 있다
탄소 사슬이 적은 것은 물에 잘 녹는다
탄소 3개인 아세톤은 여러 가지 유기물을 잘 녹이는
성질이 있어서 용매로 쓰인다
손톱의 매니큐어를 닦아내는 것도 아세톤이다

케토산증(ketoacidosis)은
당뇨병, 기아(starvation), 과도한 알코올 섭취 때
혈액 내에 케톤체가 과량으로 증가하여
산도(PH. 페하)가 낮아지면

다음. 다뇨. 쇠약감. 체중감소. 구역. 구토
복통. 의식저하가 나타나는 병이다

*당뇨병성 케톤산증(Diabetic ketoacidosis)
특징 - a)고혈당 쇼크. b)소변에 케톤 발견.
c)상한 과일 냄새 또는 매니큐어 지우는 아세톤 냄새
*땀 냄새 중에 케톤 성분이 있으면 모기가 물지 않는다

원인 - 당뇨병(인슐린 결핍), 탈수, 스트레스
혈당 450mg/dL 이상
우리 몸은 섭취한 음식을 포도당으로 전환하여 세포가 에너지로 사용.
이때 인슐린이 필요한데 인슐린이 부족하거나 세포가 인슐린에 저항하여
포도당이 세포에 들어가지 못하면 에너지가 없다.
대신, 근육과 지방을 태워 에너지를 보충하는데, 지방연소에 의존하면
산성을 띄우는 케톤이 생성되어 혈장의 산도(PH)가 낮아져서 생기는 병.
*PH(독일어 페하. percentage of hydrogen ions)
-수소이온 농도. 0~14
중성(PH 7). 산성(PH 1~6). 알카리성〉염기싱(PH 8~14)
증류수(7). 김치(4). 우유(6). 위액(0). 식초(2). 와인(3)
*사람의 피와 체액 PH 정상수치 7.4(7.35~7.45)
-정상 7.4에서 0.05만 PH 가 높거나 낮으면
심한 충격을 겪고, 심하면 목숨을 잃은다

*phenyl(벤젠화합물)+ alanine(아미노산)
알라닌 - 알데하이드에서 만들어 졌다고 독일어로 Alanin(영어 ~ ine)
*알데하이드 어원
-탈수소 알코올을 의미하는 alcohol dehydrogenatum(라틴어)
al + dehyd + e
*알도스테론 aldosterone(부신피질에서 분비되는 호르몬)
=알데하이드+스테론
aldehyde(독일어)+O+sterone
alcohol dehydrogenatum(라틴어)
dehydrogenated alcohol)영어)

*sterone은 ketone화 된 steroid

*오줌냄새 –달달한 단 냄새가 나면 당뇨병
*입에서 과일향이나 아세톤 냄새가 나면 당뇨병
*정상 오줌 냄새 –암모니아 냄새
*간 기능이 저하되어 담즙성분인 빌리루빈이 오줌에 배출되면
 맥주냄새가 난다

*禁食을 하면
 1) 다이어트, 2)당뇨, 3)뇌전증(케톤체의 항경련 효과)에 도움이 된다
 - 식사 내 지방 량은 늘리고 탄수화물과 단백질 량은 낮춘다
 - 저탄고지 식사(단식. 기아 상태)=케톤 생성식사=당질 제한식
포도당 –직접 에너지
케톤체 –간접 에너지(포도당 대신)
*혈액 내 케톤 량이 증가하면 간질발작 억제
 (뇌전증은 뇌의 에너지 부족으로 생김)
*금식으로 만들어진 케톤 –혈액을 산성화 시키지 않는 좋은 에너지,
당뇨환자에서 만들어진 케톤 – 케톤 산증을 일으켜
 사망에 이를 수 있는 굉장히 위험한 에너지
*12시간 이상 금식을 하게 되면(공복) 축적된 지방이 에너지로 사용(지방연소)
*간에서 분해된 지방조직은 케톤이란 물질로 전환되어
 혈액 안에 케톤체가 증가하고 소변으로 배출된다
 - 소변검사에서 케톤이 검출되면 당뇨병 위험이 낮다는 좋은 의미

壽, 움직여야 오래 산다(重 - 動)

걸어라
그러면 건강해진다
두 다리가 醫師다
하루에 30분만 걸어도
자율신경계 기능을 좋게 해서
고혈압, 당뇨, 치매, 우울증, 관절, 콜레스테롤 등
따로따로 낫는 藥(약)과 달리
걷기는 병의 90%가 한꺼번에 낫는다

선비(士)도 1일(一)
운동(공부 工)을 1(一)시간씩만 하면
입맛이(口) 좋고 손(寸)이 튼튼해지면서
장수(壽 목숨 수 = 士+一+工+一+口+寸) 할 수 있다고 했다

바닷물(氵)도 오래 살려고(壽) 움직인다(波濤)
신(示)에게 기도(祈禱, 빌 도)하는 것도
오래 살기 위해서이다(壽)
걸으면 병아리가 되는데
蛋白質(단백질)의 새알 단(蛋=疋+虫)처럼
발이 멈추어 있는(疋) 벌레(虫)의 '알' 상태로 있으면
계란 후라이 밖에 안된다

우유를 마시는 사람보다
우유를 배달하는 사람이 더 건강하다

임금님이 아팠을 때
걸어서 오고 가라는 醫師의 처방,
베데스다 연못가에서 38년 된 불구의 몸을 가진 병자에게
네가 낫고자 하거든
걸어가라 하시는 예수님
이런 분들은 걷는 것이 모든 병을 한꺼번에 낫게 한다는
비법을 아는 분들이다

70세(古稀) 이후, 항상 행복하고 싶으면
충성스런 개(戌)처럼, 종놈처럼(從. 從心)
걷고(步), 시키는 대로만 하라
말을 하지 말고 듣기만 하라(聽. 耳目口鼻)
말을 하고 싶으면 따뜻하게 하라
(성대 회귀신경이 심장을 도는 이유)
감사기도(祈禱)를 하라
(여호와는 나의 목자시니 내게 부족함이 없기 때문)
받은 은혜를 기억하고
더 나아가 남에게 은혜(恩惠)를 베풀어라
이런 행위를 빨리? 늦게?
頓惡頓修頓惡漸修(돈오돈수 돈오점수),
칼뱅주의(하나님 구원이 미리 정해짐)
아르미니우스주의(후에 구원)
머리가 빨리 감돈다
선택은 각자의 몫이다

공짜는 없다(천지불인)

천명을 기다려라(盡人事待天命)
언제까지?
磨斧作針(마부작침)
인디언 기우제

*歲(세월 세) = 步 + 戌
개(戌)도 걸어야(步) 산다
사람도 걸어야(步) 산다
그래서 세월도 걸어서 간다
개(戌)가 죽어서 걷지(步) 않는다면, 세월도 걷지 않는다
개의 평균 수명(10~15년), 소의 평균 수명(20~25년)
개처럼 걷지 말고, 소처럼 걸어라(牛步). Largo

*2023년, 개모차(57%) 판매량이 유모차(43%)를 앞질렀다

*치매 예방
1) 잘 자라
2) 소식(小食) 하라
3) 운동
- 腦(뇌)의 60~70%(수분 제하고)는 지방이다
동물성 식사를 반드시 해야한다(채식주의는 안됨)
뇌 무게의 25%는 콜레스테롤, 20%는 인지질
수렵사회 때 보다 농경사회 때 뇌 크기가 작아지고, 당뇨. 치매 발생
4) 운동
5) 기억장치 해마를 손상시키는 만성스트레스를 명상으로 피하라
6) 새로운 것을 배워라(새로운 세포 생성)
7) 다정하게 대화를 해 주어라(5감 중, 청력이 가장 오래 간다)
-다른 기억을 사라지더라도
감정기억은 사라지지 않는다
8) 복용하는 약의 종류와 양을 줄여라

*低炭高脂(저탄고지)의 炭(숯 탄)=山+厂+火
산과 기슭에 불(火)이 나서 만들어진 숯
*炭素의 炭
- 탄소는 오랜 세월 인류가 '숯의 형태'로 이용해 왔다
탄소 원소기호 C는 라틴어 carbon, 그리스어 carbo(숯. 목탄)
*炭水化物(carbohydrate)
- 탄소(炭 carbo)가 水化된 물질
- 공기 중 탄소(이산화탄소)와 뿌리에서 올라온 물과 합한 물질
- 태양 아래 모든 식물들이 모두 탄수화물 덩어리이다

*低(낮을 저) -사람(人)이 자세를 낮추어 칼로 평평하게 깎아낸다
低價(저가), 低下(저하)
*氏(각시 씨) -손잡이가 달린 작은 칼을 본뜬 글자
-제사 후 씨족이 올린 고기를 이 칼로 잘라 먹는다고 씨족을 상징
*紙(종이 지)-천(糸)에 칼(氏)로 긁어 글을 쓰는 종이
*底(밑 저) -건물(广) 밑(氏)부분. 점(丶)은 땅을 강조
*抵(거스릴 저, 막을 저) -작업하는 칼(氏)을 남의 손(扌)이 뺏어가니
일을 방해. 抵抗(저항)
*父(아비 부) =오른 손(又)에 도끼(丿)를 들고 사냥하는 가장(아버지)
*斧(도끼 부) -마부작침

*노인들이 주의를 요하는 3가지 약
1) NSAID(소염진통제. 항염증제)
non-steroidal-anti-inflammatory-drug
(예)아스피린. 이부프로펜. 타이레놀
2) PPI(proton pump inhibitor) 위산 생성 억제제. 양성자 펌프 억제제
(예)덱스란소프라졸. 오메프라졸(프릴로섹). 시메디틴(타가메트)
*소화제 - 1) 제산제(위산 중화)
2) H2 차단제(위산 분비 억제하는 항궤양성 물질)
- 히스타민 H2 수용체에 히스타민이 작용하는 것을 억제
3) PPI (위산 생성 억제)
3) benzo-diazepine(바비튜레이트. 수면제)
(예)아티반. 졸피뎀
diazepine=di(2)+az(질소)+epine(7). 2개의 질소+7개의 탄소 구조

*藥이 藥을 부른다
관절염 때문에 NSAID 먹었더니 혈압이 오른다
고혈압치료제 칼슘차단제를 먹으면 발목부종이 오고
부종 때문에 이뇨제를 먹으면 통풍이 생기네
통풍 때문에 간(肝) 수치가 오르면 우루사를 먹고 ....
약이 약을 끝없이 부르네

藥 속에 함께 들어있는 제산제 때문에 설사가 생겨
힘이 없으면 낙상위험이 뒤따르고
불면증 때문에 벤조디아제핀을 먹었더니
인지기능이 떨어지고 몽롱하고 대소변도 못가리니
딱 치매환자로 오해를 받는구려

위장관 출혈 때문에 응급실에 갔더니
의사 양반들 하는 말
출혈 원인은 항혈전제와 진통제(NSAID) 때문이라네

돈 안드는 간병보험료, 걷기

걷기만 해도 치료되는 병이 있다
치매. 암. 우울증. 당뇨. 혈압 등등
걸을 수 있으니까 간병비가 필요 없다
먹는 약은 따로따로 병을 치료하지만
걷기는 모든 병을 한꺼번에 치료해 준다

*한방 치료 순서 一鍼 二灸 三藥
- 藥은 마지막이다
*補藥에는 먹는 음식(食補)과 약보(藥補)도 있지만
더 좋은 것은 걷기(行補)이다

365

봄날은 간다
봄날은 온다
아니다
우리가 봄을 찾아간 것이다
1년 365일 한번씩
태양 주변을 돌면서(공전) 찾아간다

기차 속 사람들은 어지러운 줄 모르는데
그 기차를 바라보는 사람들은 어지럽다
태양 주변을 도는 수금지화목토천해명은 어지럽지 않는데
그걸 쳐다보는 태양은 어지럽고 열불난다
그래서 태양은 불같이 뜨겁다

사람의 체온도 1년 365일을 본받아 36.5도 C가 되면
몸속 모든 효소의 활성이 최적화 되어
나쁜 세균들의 활동을 1년 내내 막아준다
국회 본관 천장에 조명등이 365개인 이유도
이상적인 신체의 온도처럼
년 중 쉬지 말고 일하라는 의미이다

환(桓)한 세상

환웅(桓雄)이 세상에 처음 내려오셔서
천지(二) 간에 해(日) 뜨는 동쪽(東)에
환한(亘) 세상을 만들어
밝은 땅의 임금(檀君)이 되어
태초에 하나님이 빛이 있으라 하듯이
고조선의 세상을 환하게 밝혔다

햇볕을 처음 받는 밝은 나무(木)
환한 나무, 굳센 나무,
해 뜨는 땅(밝은 땅)의 나무(木),
박달나무(檀. 단. 밝달 나무, 나무높이 30m)를
직접 기념식수(木) 하시고
단(檀)군조선이라 했다

한편, 이스라엘 땅에는 하나님이 직접 내려오시지 않았고
기념식수 역시 하나님이 직접 하시지 않고
종족 대표로 선택받은 아브라함이
브엘(맹세)+세바(일곱)(일곱 우물. 맹세의 우물)에
에셀 나무(높이 18m)를 기념식수로 심고
'영원하신 하나님 여호와'라 불렀다

그래서 그런지

단군의 후손으로 神의 자손들인 한국 사람들은
조상의 성씨를 앞세우고 이름을 뒤로 하고
잘못이 있으면 조상 탓을 하지만,
神의 선택을 받은 서양에서는
자신의 이름을 조상의 성씨보다 앞세우고
잘못이 있으면 내 탓이라 하는 걸까?

*亶 = 亘 : 하늘과 땅 사이에 태양
*亶(클 단. 믿을 단. 믿자. 두텁다. 곧을 단)=머리(뚜겅)+돌다(햇무리)+아침(태양)
-태양(日)이 뚜겅(亠)부터 바닥(一) 사이에
계속 퍼지면서(回 햇무리) 우주를 밝힌다
*亘(펼 선, 뻗칠 긍)
-하늘과 땅 사이에 있는(二) 해(日)가 빛을 편다
*壇(제단 단) -믿음으로 흙(土)을 높게(亶) 쌓은 제단(祭壇)
*檀(클 단. 박달나무 단)- 크고 단단한 나무
*恒(항상 항) - 마음은 항상 어딘가로 뻗친다

암은 포도당과 철분을 먹고 산다

암은 어떤 음식을 좋아하는가?
탄수화물(밥)과 철분(붉은 육류)을 좋아한다
포도당을 에너지로 사용 후 젖산을 내놓아
산성화를 만들어야
정상 면역세포로부터 공격을 피할 수 있기 때문이다

암 예방을 위해서는 산성화를 막아주는
미네랄(칼륨, 칼슘, 마그네슘)과
물(세포 탈수 방지, 독소 배출)을 먹어야 한다

매일 아침 리트머스 시험지로 침의 산성도를 검사해서
7.0 이하이면 정상이다

NK세포를 도와주는 생고구마가 제일 좋다
암환자들이 감기나 독감 등으로 고열에 치료된다는 사실을 바탕으로
열을 싫어하는 암세포에게
고주파 암 치료를 시행한다거나(1회 50만원)
암세포는 38.5도 이상의 열에 약하므로
42도까지 견디는 정상세포보다 아래 41도로 암세포를 죽인다
정상세포는 혈관작용을 통해 열을 밖으로 분출한다

1회 50만원 정도 치료비를 아끼자

미토콘드리아의 발열을 올리기 위해 비타민 B를 복용한다
산소를 싫어하는 암에게 유산소 운동(걷기)을 한다

癌이란 설탕, 탄수화물(밥), 붉은 육류의 철분을 너무
山처럼 먹지 말자(口口口, 品)

*철없는 놈
온전히 철드는 나이
남자 43세, 여자 32세
11년 차이네
철이 먼저 드는 여자가 빨리 성공할 수밖에 없으니
여자의 비위를 맞추기 위해 남자가 존재한다는
남자의 존재는 여자의 비위를 잘 맞추고 모든 비용을 댄다는
남존여비가 틀린 말은 아니네
으 하하하!
옛날에는 남존여비란 남자를 여자보다 우대하고 존중한다는 뜻의 男尊女卑
IMF 때는 男存女悲(남자는 회사에서 살아남고,
여자는 해고의 슬픔을 겪는다)였는데

*사람의 몸무게가 가장 많이 나갈 때는 언제?
- 철 들었을 때
*철의 어원은 겨울철, 봄철처럼 계절의 변화와 사리를 분별하는 지혜가 생길 때

*철분이 있어야 헤모글로빈이 산소를 운반한다
철이 부족하면 빈혈증이 온다
인간은 작은 못 1개(3~4g)의 철분이 필요하다
암은 10억개의 세포가 모여 1cm크기가 되어야
X-ray 검사 상 체크된다
철이 든 암은 10억원이 있어야 존재감이 있다

*철(鐵)- 쇠(金)로 좋은(吉) 창(戈)을 만들려면
으뜸가는(王) 기술이 필요하다

*암 치료법(암이 싫어하는 것)

1) 웃어라
2) 걸어라(유산소운동 걷기, 암은 산소를 싫어함)
3) 감사하라(말이 씨가 된다)
4) 열(스트레스) 받지 마라
   - 열충격단백질 - 암 억제유전자 p53
   - 남을 부러워 마라(角者無齒 각자무치)

*癌, 나는
불고기 백반을 좋아한다
포도당(백반)과 철분(붉은 육류)이 풍부하니까
포도당을 에너지로 사용 후
젖산을 내놓아 산성화를 만들면
정상 면역세포로부터 공격을 피할 수 있고,
붉은 육류를 좋아한 이유는 철 든 놈이니까

癌, 나는
산성화를 막아주는 미네랄을 섭취하는 사람들을 싫어해

암, 나는
저체온(低體溫)을 선호해
미토콘드리아의 발열을 올리기 위해
vitamin B를 복용하는 사람들을 싫어한다
몸에서 가장 뜨거운 심장과 소장에 암이 생기지 않는 이유이다
또한 발열체인 소금도 싫어한다

암, 나는
유산소운동(걷기)을 하고, 술. 담배를 안하고 수면을 6시간 이상
잠자는 사람들을 싫어한다

암, 나는
웃는 사람들과 긍정적인 마음을 가진 사람들을 싫어한다(면역력을 높여주니까)

암, 나는
설탕. 유제품. 차가운 음식, 밀가루, 가열된 기름(튀김류), 조미료를 즐기고
외식하기를 좋아하는 사람들을 찾아서 공격하고 싶네

암 보다 더 나쁜 것은

암 보다 더 나쁜 것은
환자들의 신경질이다
신경질은 주변 사람들을 죽이는 독가스이다
감사하는 마음으로 살면
치료가 저절로 이루어진다

신경질 내는 사람은
이 세상에서 가장 나쁜 사람이다
신경질 내는 사람은 독가스를 배출했으므로
자신의 마음은 편하지만
그 독가스(신경질)를 마신
주변사람들은 스트레스로 병에 걸릴 수 있기 때문이다

*神經質 - 신경이 너무 예민하여 사소한 일에도 곧잘 흥분한다
nervousness

*配偶者를 虐待(학대)하지 마라
-虐 (虐疾학질 학). 우울증(가짜 치매)
*配(짝 배, 나눌 배) -술 단지(酉) 앞에 무릎 꿇은 사람
술이 잘 익었는지, 아내감(配偶者)을 꼼꼼히 따져본다
尊(높을 존) -향기로운 술병을 공손히 양손으로 받치고 있다. 공경하다
*偶(짝 우) - 흉한 얼굴(田)+ 다리(冂) +꼬리(厶)를 가진 동물은?
'원숭이'

- 사람과 가장 닮은 동물은?

원숭이(DNA 98% 일치) -사람과 원숭이는 '한 짝'

- 配偶者. 偶像(짝퉁, 가짜)

- 사람이 원숭이를 만나는 것은 '偶然(우연)' 이지요

*遇(만날 우)- 원숭이가 갑자기 툭 튀어나와 지나가는 것은 '만남'

差別待遇(차별대우)

*愚(어리석을 우) - 원숭이의 마음은 '어리석음' 이지요

*寺=止의 변형 士 + 寸

- 손(寸)으로 발(止)을 받드는 모습. 높으신 분을 모신다(관청)

- 불교 이후, 부처님을 모시는 장소를 뜻함

*侍(모실 시) -시중을 들다

*待(기다릴 대) - 불교 이전에, 관청(寺)에 가서(彳) 기다리다

三重苦에 시달리는 三重 陰性 유방암

암세포에만 선택적으로 공격하는 항암제가 있다
표적 항암제(targeted therapy) 치료라 한다
암세포 외부에 있는 대문(수용체)을 정맥주사로,
또는 암세포 내부에서 알약으로 공격을 한다

유방암 세포에는 3개의 수용체가 있다
에스트로젠 수용체, 프로제스트론 수용체
그리고 HER 2 (인간 표피 성장인자
Human epidermal growth factor receptor 2)

유방암 중에 3개의 표적(수용체)이 없어 三重苦에 시달리는
'三重陰性 乳房癌'이란 게 있다
암(癌)에게 직접 분풀이할 상대(수용체)가 없으니
표적 치료 대신
기존의 일반적인 세포독성 항암제만 사용해야 한다
공격지점(수용체)이 없기 때문에 도시 전체를 공격해야 한다
그래서 치료가 어렵다

*Triple negative-breast cancer(TNBC) 삼중(三重)음성(陰性)유방암
- 3가지 重要한 여성 호르몬이 없는 유방암
1)에스트로겐(ER), 2)프로게스테론(PR),
3)HER2(헐투) 호르몬

- 암은 특성이 모두 다르다.
유전자 검사를 하면 암세포 특성이 나온다.
암세포 표면에 표적치료를 할 수 있는 중요한 수용체 3가지가 없다는 뜻이다

*파레토 법칙
20%가 세상을 지배한다
신앙심 깊은 20%의 성도가 교회를 인도한다
20% 발병율을 가진 삼중음성유방암 때문에 유방암이 무섭다
*重(무거울 중) - 무겁다, 소중하다, 귀중하다(貴重品), 거듭하다(겹치다)
*政府(정부) - 창고를 바르게 관리하다
政=正+攵 두드려서 바로 잡는다.
府=广(집)+付(붙이다. 주다) -집에 붙어있는 창고. chest(가슴. 폐)
- chest : 가슴에 공기가 들어와서 온몸에 산소를 공급하는 창고
귀중품 등을 넣는 상자
공공단체 등의 금고(재물이 모여 있는 곳)

癌도 종교를 좋아한다

암환자가 간절히 기도를 해도 죽을 수가 있다는데
왜 그럴까요?
癌도 기독교의 영생불멸을 꿈꾸므로
교회 가기를 원할지도 모르지요
사람과 암의 종교적인 신념이 다를 수 있지만, 여하튼
암 환자들은 암보다 더 열심히 기도를 해야 되지 않을까요?

*불교 -不生不滅(불생불멸)

암으로 출세하려면 10억이 있어야 한다

고등학생 47%가
10억 원이 생긴다면
죄를 짓고 1년 정도 감옥에 가도 괜찮다고 생각한다네
옛날에는 백만불, 1억만 있었으면 희망이었는데
지금은 10억이 기준이 되었다
우리나라 5천만 인구 중 10억 이상 부자가
1%(50만 명) 정도라고 한다네

검사 상 발견할 수 있는 암의 크기는 보통 1cm 이상이라고 한다
10억 개의 암세포가 모여야 1cm 크기가 된다
암으로 출세하려면 10억은 있어야 한다

*2023 한국 부자 보고서
금융자산 10억원 이상 – 45만6천명(전체인구의 0.89%)
-부모로부터 증여. 상속 – 60%
-자신의 근로소득으로 부자가 된 사람 – 11.3%
*부자와 빈자 차이점
-행복한 사람은 진정한 부자가 아니더라도,
서로 돕고 선행을 실천하는 마음이 부자인 사람이다

	부자	빈자
시간 보내기	성공을 위해서	오락을 위해서
관심	투자	소비
정리. 정돈	잘 한다	지저분하다
보는 것	책	TV. 스마트폰
	사색	시끄럽다

별나지오 호텔

아름답고 마음 편한 곳이라는 뜻의
벨라지오(Bellagio)
벨라지오 호텔 뷔페가 라스베가스 4대 뷔페 중의 하나란 것이
별나지요
호텔 밖에는 분수 쇼, 호텔 안에는 오(프랑스어 물) 쇼가 있는 것이
별나지요
사막에 아름다운 보태니칼 가든(식물원)이 있는 것이
별나지요
그림같이 예쁜 수영장이 5개 이상 있는 것이
별나지요
객실이 6000여 개이고, 카지노에 담배냄새가 없지만
객실에 커피포트가 없는 것이
별나지요
호텔 위치가 중심가(스트립)에 있기 때문에
주변에 있는 뉴욕, 파리, 이집트, 로마, 베네치아 등 산책하기가 좋아서
별나지요

라스베가스 주변에는 3대 캐년이 있다
그랜드 캐년, 엔텔로프 캐년 등을 볼 수가 있어서
별나지요

뷔페 값이나 호텔숙박료가 서울보다 싸다

큰(大) 것만 노리는 奢侈(사치)의 도시
돈(貝) 가지고 노는 박사(博士)들이니 賭博의 도시답게
관광객의 돈을 뺏기 위한 술책이라니
별나지요

*라스베가스(뜻 : 스페인어 목초지) 4대 뷔페
1) 시저스 펠리스 호텔의 바카날 뷔페
2) 윈(Wynn) 호텔의 뷔페
3) 코스모폴리탄 호텔의 위키드 스픈(사악한 숟가락)
Wicked spoon 사악할 정도로 맛있는 뷔페
4) 벨라지오 호텔의 뷔페

*Bacchanal(바카날): 바쿠스 신의 승리, 바커스 축제
떠들썩한 큰 술잔치, 향연(饗宴)
Bacchus 박카스 , 술의 神
*饗(잔치할 향, 대접할 향)-시골(鄕에서 대접(食)하니 '잔치하다'
고향의 鄕=幺+白(흰 밥)+匕(숫가락)
- 어렸을 때(幺) 밥 먹고 자란 그 마을(阝)
響(울릴 향) - 고향에서 들었던 소리니 '울리다' 音響. 交響曲. 影響
*安(편안할 안) - 집안에 엄마가 있어야
宴(잔치 연) - 날(日)을 잡아 여자가 집(宀)에 들어오면
사람들을 초빙해서 잔치를 한다

*스트립(strip)
- 동사 1) 옷을 벗다, 벗기다, 스트립쇼를 하다
- 명사 2) 좁고 긴 땅, 활주로
*antelope(사슴, 영양)를 찾다가 발견한 캐년
*스트라토스피어(350m 전망대)strato(layer 층) – sphere(동그란 모양의 구)
대기권(atmos=air+ sphere 공기가 존재하는 권역)
- 대류권 – tropo(change) sphere
성층권 – ozon layer, stratosphere
중간권 – meso-sphere
열 권 -thermo-sphere

옥수수 神

마야 인들은 옥수수神이
옥수수 반죽으로 인간을 만들었다고 믿고 있다
2023년 우리나라 옥수수 년간 소비량은 1500만톤으로
쌀 소비량 500만톤 보다 3배가 더 높다
옥수수는 동물들의 사료, 라면 고추장, 오렌지 쥬스,
감자, 당근 등 가공품으로 사용한다
현대인 몸의 30%가 옥수수 성분인 것으로 봐서
마야 인들의 생각이 맞는 것 같다

옥수수라는 이름은 수수팥떡의 '수수'에서 따온 이름이다
중국어 발음으로 '수수(蜀黍 촉서)'는 삼국시대 이전부터
한반도에서 재배했지만
수수보다 알갱이가 더 크고 반들반들 윤기가 난다는(玉)
옥수수(玉蜀黍)는 임진왜란 때 명나라 병사들에 의해서
전해졌다

옥수수만 먹으면 니아신(비타민 B3)과
필수아미노산 트립토판 결핍으로
거친 피부라는 뜻의 pellagra라는 피부병에 걸릴 수 있다
펠라그라(옥수수 홍반, 니아신 결핍증, 트립토판의
니아신 전환불능)는
3D 증상이 나타난다

dermatitis(피부염, 구강점막의 염증),
Diarrhea(설사), Dementia(치매)
이걸 예방하기 위해서는
옥수수를 먹을 때 우유 한 잔을 꼭 먹는 것이 좋다
(또는 치즈, 달걀 등 단백질을 먹어야 한다)

*黍(기장 서= 禾+水)-벼과의 일년초
- 물이 가득찬 논에 기장을 심어 놓은 모습
- 보리, 쌀 이전의 가장 중요한 곡식
*멕시코 주변 남미에는 기원전 1300년경 인간이 거주했으며
마야문명, 아즈텍 제국을 거쳐 1492년 콜럼버스 이후
300년간 스페인 식민지가 되었다

*아메리카 대륙 3대문명
- 마야, 잉카, 아스테카(Aztec)

물을 쏘는(注射) 사람들

화살을 쏘는 사람들(射)
총을 쏘는 사람들도 있지만
'내가 쏜다'라고
모임에서 한턱 쏘는 사람들도 있다
감사(感謝)하다고
말(言)을 쏘는(射) 사람들도 있다(謝)

병원에서는 물(氵)을 쏘는(射) 간호사도 있다
환자들은 아프게 하는 注射(주사)를 싫어한다
모기 같은 주사기가 나타나기를 기대한다

*주사(注射)
主(주인 주 = 丶+王) - 王처럼 丶(주)가 가운데 있으니 '주인'
注(물댈 주, 부을 주) - 주인이 물을 주니 '물 대다, 중요하다, 쏟음'
注目, 注意報
住(살 주) - 사람(人)이 주인이니 '살다, 머무르다' 衣食住
柱(기둥 주) - 주인같이 지탱하는 나무이니 '기둥, 버티다'
*射(쏠 사)- 몸에서 화살이 떠나니 '쏘다'
謝(사례할 사) - 말(言)을 떠나게 하니 '사례하다' 感謝

*피하주사
피하지방 - 진피와 근육 사이
- 경구 투여보다는 효과가 빠르다
그러나 근육주사보다는 흡수율이 더디므로

(피하조직에는 혈관이 적으므로 느리게 흡수)
약물작용이 늦게 나타나게 하기 위한 처방에 사용
분자가 커서 장에서 흡수되지 않는 경우(인슐린)
- 소화효소제의 무 영향

*피하주사를 이용하는 약물
- 인슐린, 지혈제, 비타민제, 강심제, 예방접종, 모르핀, 헤로인 등

*注目(주목)
- 눈(目)길을 한 곳에 쏟음(注)
- 눈이 아무리 좋아도 2가지를 한 번에 볼 수 없다
귀가 아무리 좋아도 2가지를 한 번에 들을 수 없다
耳聽目明=聽明

상하수도 정수장, 콩팥(腎臟)

콩과 팥도 모른 사람도 있다
콩이 아니라 팥으로 메주를 쑨다 해도
절대 믿는 사람도 있다(절대 믿음)
선악의 대명사 콩쥐와 팥쥐도 있다

가마 속의 콩은 삶아야 먹는다(아무리 쉬운 일이라도 움직여라)
눈에 콩깍지가 씌었다(앞이 가리어 사물을 정확히 못 본다)
번갯불에 콩 볶아 먹는다(민첩한 행동)

신장(腎臟)은 생김새가 콩 모양이고 그 색깔이 팥과 같다고
콩팥이라고 한다
옛날에는 붉은 팥이 액운을 몰아내고 건강을 지켜 준다고
팥시루떡, 콩가루 듬뿍 묻힌 인절미, 동지죽, 두부 등을 먹었다

콩팥은 물(水)의 장기이므로 인체의 수분대사를 총괄한다
상하수도 정수 처리장인 콩팥이
알콩달콩 건강하게 오래 살아야 세상도 화평해 진다

콩 심은데 콩 나고 팥 심은데 팥 난다고
콩팥이 나빠진 결과에는 분명한 이유나 원인이 있다
콩이야 팥이야 다투는 사람들,
콩 심어라 팥 심어라고 시비를 건 사람들 때문이 아닐까?

*腎(콩팥 신=臣+又+月)은
노예(臣)가 도망가지 못하도록 손(又)으로 단단히 붙잡고(굳다. 단단하다)있는 단단하게 굳은 조직으로 형성된 장기(月=肉)

엉덩이와 궁둥이

엉덩이가 뿔났다
주사(注射)가 들어가서 울고 불고
엉엉 운다
그래서 '엉덩이'란 말이 생겼나?

등과 다리 사이에 볼록 튀어나온 배불뚝이를
볼기(pelvis.臀部 둔부. gluteus)라 한다

해부학적인 용어로는 볼기의 윗부분은
주사 맞고 엉엉 운다는 엉덩이,
볼기의 아랫부분은
바닥에 쿵하고 부딪힌다고 궁둥이라 하며
이 부위를 지나가는 궁둥신경(sciatic nerve)이
주사를 아주 싫어하므로 피해야 한다

엉덩이에는 3개의 근육이 있다
큰볼기근(gluteus maximus), 중간볼기근(G. medius),
작은 볼기근(G. minimus)
근육에는 혈관이 풍부하므로
혈관 주사보다는 늦지만 약물 작용이 신속하게 나타나는
이 부위에(엉덩이. 볼기의 윗부분) 근육주사를 놓는다

볼기(골반 pelvis 대야. 큰 그릇)에는 양쪽에
엉덩뼈(腸骨 ilium), 두덩뼈(恥骨 pubic bone), 궁둥뼈(坐骨 ischium)
3개의 뼈(hip bone 볼기뼈 관골)가 마주하고 있으며

대야(pelvis) 가운데는
천골(sacrum 엉치뼈)과 미골 (coccyx 꼬리뼈)이 담겨있다

주사의 통증과 불쾌함을 참으며
엉덩이의 불평이 노래된다
언제나 주사를 맞을 힘이 있다고

*展 과 殿
*殿(대청 전. 큰집 전)
-무기를 들고(殳) 공동으로(共) 지키는 큰 건물. 궁궐. 궁전. 전각
-癜風(어루러기)
臀(볼기 둔 殿+月) -엉덩이. 볼기. 밑. 바닥
-몸에서 가장 널찍하고 편평한
큰집같은 곳은 볼기. 엉덩이
展(펼칠 전)=尸(몸)+衣+十
: 몸에 십자가(十) 달린 옷을 입고 '펼펴야' 발전(發展)한다
: 國展. 展開
親展 -받는 이가 몸소(親) 펴(展) 보기를 바란다
*둔근(臀筋 엉덩이 근육) -대둔근. 중둔근. 소둔근 gluteal muscle
gluteus - 그리스어 gloutos(궁둥이)가 어원
*두덩뼈(恥骨. 눈두덩이처럼 볼록하다고)
엉덩뼈(腸骨. 창자 옆에 있다고). 궁둥뼈(坐骨 ischium)
*볼기 -볼록 하다의 볼, 둥굴게 솟아 나온 곳
*관골(髖骨. pelvis) -너그러운, 폭 넓은. 엉덩이의 폭이 넓다. 풍성한 엉덩이
髖(허리뼈 관)

寬(너그러울 관)-집안에서 풀을 먹고 있는 양을 보면 너그러워진다
寬容(관용) 寬大(관대)하다
*엉덩방아 찧는다(표준어). 궁둥방아 찧는다(비표준어)
*방둥이 – 길짐승의 엉덩이

呂(법칙 려, 여) – 口+丿+口 등뼈의 이어져 있는 모양, '법칙, 음률'
宮(집 궁) - 엄격한 법칙(呂)으로 지어진 집(宀) '궁전. 궁궐'
侶(짝 려) - 사람(人)의 등뼈(呂)처럼 맞닿아 있다고 '짝'
- 伴侶(반려), 僧侶(승려). 伴侶者
伴(짝 반) - 소머리 牛를 절반으로 나눈다(八) -半
- 사람(人) 반반(半)씩 합쳐서 짝(伴)을 이룬다
判(판단할 판) -칼(刂)로 절반 잘라낼 때는 판단을 잘해야 한다
僧=人+曾 -증가시키는 사람
염불해 주는 사람
복을 배가시키는 사람
중 되기전에 먼저 사람이 되거라
會(모일 회) – 회의할 때는 8명(八)이 한(一) 창문(四)만 열고 말(曰)하지만,
曾(거듭 증. 일찍 증) – 8(八) 명이 일찍 일어날 때는
모든 창문(四)을 열고 이야기한다(曰)

*엉치뼈 - sacrum 신성한 생식기를 보호하는 신성한 뼈
-薦骨(천골). 神에 추천하는 뼈
-엉덩이 방언(머리 부근 골치. 머리골처럼 엉덩이 부근 엉치)
*薦(천거할 천)-고귀한 동물이 높은 절벽에서 먹는 특별한 풀(++)
-사람을 골라 천거하다는 뜻
- 鹿+鳥+++ :새처럼 높은 절벽에서(고고하다. 귀하다) 풀을 먹는 사슴
- 薦骨(천골. 엉치뼈. 神에 추천하는 신성한 뼈)
*鹿(사슴 록) – 뿔+머리+몸통+나란히 있는 4 발(比).
- 숫사슴의 모양을 본뜬 글자
*慶(경사 경)=鹿+一+心+夊
- 절벽에 있는 화려한 뿔이 달린 숫사슴은 높은 관직을 상징함
- 결혼할 때 사슴 가죽(선물)과 축하하는 마음(心)을 가지고
잔치집을 방문한다(夊)

錯覺(착각)

산이 높으면 골짜기도 깊어진다
세계 10대 국가가 되면
모두 잘 사는 걸로 착각하지만
부자와 가난한 자의 골짜기도 깊어진다

자기 잘난 맛에 사는 노인들이
건강을 잃거나, 돈을 잃거나
갈등에 빠지면 자살할 수도 있는데
내일도 오늘 같은 줄 알고
행복의 착각에 빠질 수 있다

노인이 되면
알고도 모른 척(말을 많이 하지 마라)
덕담만 하라
절약하지 마라
삐치지 마라
내 생각 같은 줄 착각하지 마라

*錯(섞일 착, 어긋날 착) - 옛날(昔) 돈(金)을 착각해서 사용
昔(옛 석, 교착함, 오래다) 二十一日(21) 지났으니 옛날
覺(깨달을 각)=臼(절구 구, 양손)+爻(효 효)+冖+見(볼 견)
- 직접 눈으로 보며 깨우치다

아이가 배움을 얻는 집(宀), 배울 학(學) 의 子 대신 見,
착각 - 어긋나다+깨닫다, 잘못된 것을 깨닫다
illusion, mistake
I'm sorry, I was mistaken

희망, 망상, 노망, 환상

약이 병을 낫게 하는 것이 아니라
몸은 스스로 치유된다
약은 도와줄 뿐이다
질병과 상처는 단백질로 구성된 세포에 존재한다
P53(암 억제유전자)이
손상된 세포의 DNA를 수선, 변성보호하고
복구가 힘든 세포는 사멸 시킨다
P53에 기능을 못하면
세포가 무한분열로 반복하고 암세포로 변한다

P53 이 암세포를 제어하지 못한 이유는
열충격단백질(heat shock protein) 때문이다
단백질로 만들어져있는 세포는 36.5도 이상이면
계란후라이 처럼 열에 약하다
뜨거워졌을 때 세포를 지키려고 만들어진 단백질이
열충격단백질인데,
세포가 감당하기 어려울 정도의 열, 즉 스트레스를 받으면
열충격단백질이 엉뚱하게 나쁜 쪽으로 변해서
암세포의 왕성한 성장을 도와준다

적절한 스트레스는 회복탄력성을 키워주지만
너무 강한 스트레스는 세포를 병들게 하고 죽음에 이르게 한다

안 되는 것도(X)
베풀어 달라고(布) 바라는 것이 희망(希望 hope)이다
젊은이들은 가상(假像. 幻想 환상)세계에 빠지고
노망난 늙은이는 노망을 로망으로 바꾼다는 과대망상에 빠진다
이치에 어그러진 생각은 망상(妄想)이다
늙어서 망령을 부리면 노망(老妄. 치매)이다
열 받는 스트레스로 열충격단백질을 화나게 하지 마라

*假(거짓 가) - 假像(메타버스), 假髮(가발)
妄(망령 망) = 亡(부러진 칼, 망했다)+女
- 부권이 강했던 고대에는 여자들은 제멋대로이며, 거짓이 많고, 이성적이지 못하다고 생각
亡(망할 망) = 亠(人)+ㄴ : 사람이 달아나 숨으니(ㄴ) '망하다'
望(바랄 망) - 마음을 잃고(亡) 북쪽(壬)을 향해 서서 달(月)을 보니 '바라다'
- 希望, 展望臺, 望遠鏡
*Blue moon(두 번 째의 달, 배신자의 달)의 blue 뜻- 배신하다, 드물다
달은 한 달에 한 번 뜨는 게 정상인데, 드물게 배신해서 2번 뜨는 달

*P(protein) 53
1) 세포자살을 유도하는 단백질을 만든다
2) 세포의 이상분열을 멈추게 하는 단백질을 만든다
3) DNA 상처를 복구하는 단백질을 만든다
- 폐암 환자에게 P53 직접 주사 주입
*면역치료 세포
수지상세포(樹枝狀) - 종양 또는 바이러스 발견 -
— T세포에게 공격명령을 내린다 — T 세포 출동
*NK 세포(면역세포)
- 수지상세포의 명령 없이 종양 발견 즉시 단독으로 공격

*코끼리가 암에 안 걸리는 이유(5% 미만)
인간은 유전자 17번 한 쌍에만 P 53(암 억제유전자)이 있지만
코끼리는 P53(암 억제유전자)가 20쌍 있기 때문

코끼리가 죽는 이유

암에도 잘 걸리지 않는
코끼리가 죽는 이유는
상아 때문이라네

인간도 마찬가지다
천재라고, 미인이라고 건방 떨면 죽는다
天才夭折(천재요절), 美人薄命(미인박명)

돼지 머리

먼 길 이동하는 유목민과 함께하기는 행동이 느리고
단체질서를 지키는 양과 달리 제멋대로 행동하고
유목민들이 먹는 양식과 같기 때문에 경쟁 상대이고
따뜻한 털을 주는 양, 우유를 주는 소와 달리
살아 있을 때 주는 선물이 없기 때문에
이슬람교는 돼지를 오염된 고기라고 싫어한다

우리나라에는 일부분이지만
실(絲)을 이었다 끊었다 하는 돼지에게(緣=彑돼지 주둥이 계+豕)
사람들이 좋은 인연(因緣) 맺어 달라고

고사, 굿 개업 때
중계역할을 하는 돼지에게
하늘의 옥황상제에게 잘 전해달라고 부탁하면서
제사상에 돼지머리를 올리고
돈까지 입에 물려주고 떠받드니
죽어서도 돼지가 웃을 수밖에 없구나

돈 냄새 잘 맡으라고 콧구멍에 돈을 꽂고
돈의 흐름소리를 잘 들으라고 귀에 돈을 꽂고
돈을 많이 먹어서 부자 되게 해 달라고 입에 물리고
돈의 움직이는 방향을 잘 보라고 이마에 붙이니

소 대가리, 말 대가리, 개 대가리
대가리 대가리인데
돼지만 돼지 대가리가 아닌 돼지 머리라 하지 않겠는가?

돼지가 방구 뀌면 돈까스
돼지가 떨어지면 돈벼락
돼지가 앉으면 돈방석
아 하하하!

인간 세포의 모양

세포의 모양은 편평세포, 입방세포, 원주 상피세포만
있는 걸로 알지만
사실은 올챙이 모양, 수지상(樹枝狀) 모양, 구형(球形) 등이 있다네
이제, 세포 치료제 시대가 왔다
암 환자에게 면역세포를 주입해서
나쁜 바이러스를 죽이기도 하고(백혈병, 폐암, 간암 등)
줄기세포처럼 자기와 똑같은 세포를 만들어
손상된 세포를 복원시키기도 한다네(알츠하이머, 파킨슨, 루게릭)

1) 정자세포 - 올챙이 모양
2) 여성의 난자세포 - 인체에서 가장 큰 세포, 球形
3) 신경세포 - 얇은 튜브 모양
4) 줄기세포, 지방세포
5) 뼈 세포
6) 혈액세포(적혈구, 백혈구, 혈소판)
7) 근육세포
8) 신경세포(뉴런) - 짧고 긴 2개의 손 모양
9) 피부세포(편평, 입방, 원주상피세포)
10) 수지상세포(樹枝狀) - 면역세포

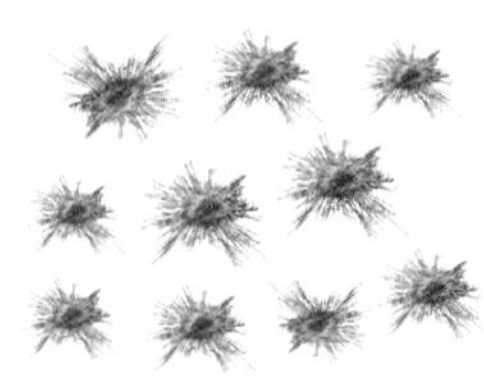
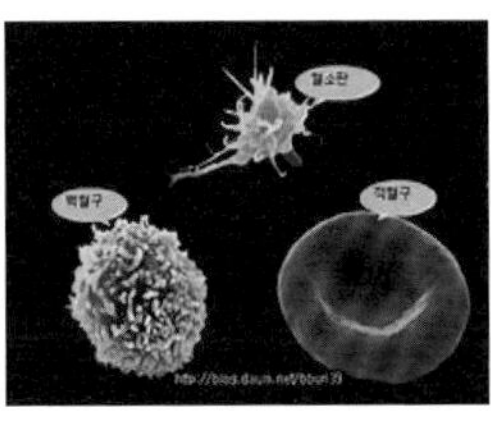

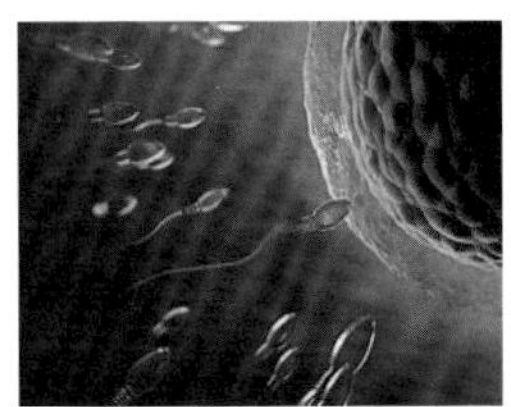

細胞(세포), 同胞와 僑胞(교포)

동포란 같은(同) 어머니의 배(胞)에서 태어난
형제자매를 말하지만
넓게 나아가
조국과 민족이 같은 사람들을 동포라 말하기도 한다
僑胞는(더부살이 교, 높을 교)
타향에서 사는 뜨내기
또는 다른 나라에 살고 있는 동포를 말한다

우리 몸은 60조 개의 작은 세포(cell 細胞)로 구성되어 있다
세상이 오염되면
외부의 침입이 아니라
같은 동포의 일부 세포들이 반란을 일으켜 암 왕국을 건설한다
이거 되겠습니까?

*細(가늘 세, 작다)=가는 실 糸+정수리 신 囟=田으로 변형 *思. 腦
- 囟: 눈에 보이지 않지만 사람의 머리에는 미세한 기가
흘러나오는 구멍이 있다고 생각(정수리)
*胞(세포 포, 태보胎褓 포) - 어머니 배속에 태아를 싸고 있는 태아 주머니
*包(쌀 포. =勹+巳, 몸 기 己의 변형)
- 어린 아기 몸을 보자기나 포대기로 싸다
*소포(小包) 우편

어머니의 마음(惠), 恩惠

오로지 어머니가 짜주신(惠) 네모난(口) 이불 위에
아이가 대(大)자로 누워 있으니(恩)
그 마음 얼마나 편안한가(平常心是道 평상심시도)?
사랑해주시는 어머니의 마음(心)을
그 아이는 알 리 없겠지요?

어머니는 평범한 인간으로서는 할 수 없는 일 즉
하나님만 할 수 있을 것 같은 일을 해내고 있는 이유는
신(神)이 모든 곳에 있을 수 없기에
어머니를 神이 대신 만드셨기 때문이다
세상에서 가장 아름다운 영어단어는 mother라고 한다
이런 어머니(mother=mater)가 우리 머리에는 3분이나 계신다
경막(dura mater), 지주막(arachnoid mater), 연막(pia mater)
어머니 친척도 계신다 (백질 white matter, 회백질 gray matter)

고맙게 베풀어 주는 어머니의 은혜 뒤편에는
값비싼 대가를 치르고 우리의 죄를 속죄시켜주신 救贖(구속)이라는
하나님의 은혜(헤세드)가 있다
인간에게 주는 최고의 선물이다
언제나 You are welcome(구속)이라고 말씀하시면서
신(神)은 항상 우리를 용서해 주신다. 교회에 나가는 이유이다

우리는 은혜에 감사하며 살리라
은혜는 언제 무엇으로 갚아드리며 어떻게 살아야 할 것인가를
생각하는 '빚진 자'로 살아가라는 뜻도 된다
받은 은혜를 기억하라
상처는 잊되, 은혜는 결코 잊지 말아라(공자)
남에게 베푼 것은 잊고, 남에게 받은 은혜는 기억하라(바이런)
더 바라는 것은
내가 짠 네모난 이불 위에 다른 사람을 평안하게
누일 수 있다면 그 얼마나 짜릿한 행복일까?

자기도 이롭고 남도 이롭게 하라 自利利他(자리이타. 불교)
자기가 하고 싶지 않는 것은 남에게 시키지 말라
己所不欲勿施於人(기소불욕물시어인. 논어)
너희는 남에게 바라는 것을 남에게 해주어라(마태복음)

*專(오로지 전, 실 뭉치 전) - 오른손(十)으로 실 뭉치(田)를 돌려
실(厶)를 왼손(寸)으로 '오로지' 전하는 전문(專門)기술
실 뭉치에 실을 오로지 감는 어머니 마음은 '은혜'
*恩-은혜 은, 사랑할 은. 惠 -은혜 혜, 인자할 혜, 줄 혜
혜(惠)는 전(專)+심(心)이었으나 후에 촌(寸)이 생략
甫(클 보) - 물건이 들어 있는 모양
惠(은혜 혜) - 물건이 들어 있는 자루를 건네주는 마음, 베푸는 마음
*賣(팔 매) - 선비가 그물을 주고 돈을 받다 '팔다'
贖(속죄할 속) - 재물(貝)을 팔아(賣) 바치고 죄를 면하다
- 예수님은 피로 죄값을 지불
구속(拘束) - 자유를 제한하거나 속박

*은혜(恩惠)란?
오로지 어머니가 짜주신(惠) 담요에 편안히 누워있는(因) 福이라네

인간이 가장 듣기 좋아하는 소리 440Hz인
어머니 심장 고동소리를 들으면서

더 나아가면
救贖으로 항상 용서해 주심으로서 우리들의 마음을
평안하게 해주시는 하나님의 사랑이라네

*예수님이 주시는 은혜란?
- 3대 가기 힘든 '세상의 권력, 물질'이 아닌
이 세상에서 맛볼 수 없는 '위로와 평강'이라는
영원한 은혜(헤세드)'를 받는다

*실패(failure 페일리어)는 성공의 어머니
Failure is mother of success
Failure teaches success
失敗是成功之母
아픈 만큼 성숙한다

*손주들이 어머니보다 할머니를 더 좋아하는 이유
머니머니 해도 머니가 최고, 당연히 할머니가 최고

세한도와 長毋相忘(장무상망)

2천년 전 漢나라에서 출토된 기와에서
오랫동안 잊지 말기를 바란다는
長毋相忘(장무상망)이라는 글씨가 발견되었다
추사가 제주도 유배 중 가장 어려울 때
도와준 이상덕 제자에게 준 선물
설 전후(歲寒)의 추운 겨울이 되어서야 비로서
소나무와 잣나무의 푸르름을 알 수 있다는
추사 김정희의 歲寒圖(세한도) 오른쪽 귀퉁이에도
스승님의 가르침과 은혜를 길이 잊지 않겠다는
印章(인장)이 찍혀 있다

사랑하는 친구들
오랫동안 서로 잊지 말기를, 長毋相忘

*長 길 장, 毋 말 무, 相 서로 상, 忘 잊을 망
*박근혜 대통령은 세한도를 누구에게 줄까?

악마의 열매, 토마토

시사저널 TIME 이 강력한 효능이 있는
열매 열 가지 음식 중, 첫 번째로 선정된 토마토

18세기 토마토의 원산지인 남미에서
스페인 지배 당시 나폴리 항에 처음 들어와
포모도로(황금사과)라고 불리우던 시절에는
불길하고 역병을 불러오는
맛이 좋지 않는 복숭아(lycos+persicom)로 여겨졌지만
유럽이 기근으로 시달리면서
감자, 옥수수와 함께 토마토 역시
새로운 식재료로 활용하게 되었고
특히 나폴리 인근의 기후와 잘 맞고,
베스비오山 근처의 비옥한 토지와
뜨거운 햇빛, 건조한 바람을 맞으며 자란
토마토는 대중음식의 스타로 등장하기 시작했다네
나폴리 피자, 토마토 스파게티,
조개육수로 만든 파스타(봉골레=조개 파스타)
토마토와 치즈를 넣어 만든 파스타는
아무리 먹어도 질리지 않는다니 할 말이 없네

가지과 식물로 '감(홍시)'이라 불리운 슈퍼 푸드 토마토가
건강에 좋은 이유는

강력한 항산화제인 붉은색 색소
라이코펜(lycopene=lycos 늑대+persicon 복숭아)때문이라네

褓(보)로 얼굴을 가린 사람들

부끄러우면 보(포대기)로 얼굴을 가리거나
깡그리 무시하지 않고 푸대접하는 顔面薄待(박대)가
점점 사라지고
깡그리 무시하는 안면몰수(顔面沒收)가 더 많아진다

철로 만든 것처럼 두꺼운 낯 가죽, 염치없고 뻔뻔한 鐵面皮도 있다
厚顔無恥, 責任回避, 眼下無人, 莫無可奈(막무가내)
범행을 인지하는 사이코패스(Psycho 정신 + path 결핍. 이상)
양심의 가책도 없는 소시오패스(sociopath)라는
반사회적 인격장애도 있다

선천적으로 腦(뇌) 발달에 이상이 있거나
후천적인 외부충격 등으로
뇌의 하부후두측두엽이 손상되면 나타나는
안면인식장애 또는 顔面失認症(안면실인증)이었으면 좋겠다
치료라도 해볼 수 있으니까

이럴 때, 정치인들이 국민을 사랑하고 걱정해야 하는데
거꾸로 국민들이 정치인들을 걱정하니 .....
놀랍다 해

*甫(클 보)는 점(丶)이나 십(十)의 쓰이는(用) 정도가
'크다' 또는 '실패(실뭉치)를 펴다' 는 뜻
尃(펼 부)는 빽빽한 실패를 손(寸)으로 잡고 감긴 실을 '펴다'
博(넓을 박)은 사방(十)으로 넓게 퍼지는 모양이다
薄(엷을 박)은 나무숲이 아닌 넓게 펼쳐진 초원의 모양이다
傅(스승 부)는 제자들을 펼쳐주는 스승(師傅)이다
膊(팔뚝 박)은 볼록하게 펼쳐진 근육(月). 二頭膊筋(이두박근)
賻(부의賻儀 부) 재산을 널리 펼친다(베푼다)
儀(거동 의. 모양 의) - 사람(人)이 옳게(義) 행해야 하는 본보기
(거동. 몸가짐. 의식. 의전)
義(옳을 의) - 손(手)에 창(戈)을 들은 내가(我) 선한 羊을 지키니
옳은 일을 하니 권위가 있다
*補(보자기 보)
冊補(책보) - 책을 싸가지고 다닐 수 있게 만든 작은 천. 책보자기
밥상보, 이불보

顔(얼굴 안)=彦(선비 언)+頁(머리 혈)
産. 彦의 立은 文의 변형
産(낳을 산) - 선비(彦)가 될 아이를 낳으니 '생산하다'
彦(선비 언. 크다. 아름답다) - 바위 밑에서 글공부 하느라 머리가 길어진 선비
顔(얼굴 안) - 머리의 제일 큰(彦) 부분이니 '얼굴'

沒(잠길 몰)=氵+몰(빠질 몰) - 물(氵)에 빠진 사람이(人) 살려달라고
손(又)을 내민다 '잠기다, 빠지다'
收(거들 수)=구(얽힐 규·구)+攵
- 밭에 난 얽힌 풀들을 낫으로 쳐서(攵) '거둔다', 沒收(몰수), 收拾(수습)

*反水不收(반수불수) - 엎질러진 물은 주워 담을 수 없다(후회해도 소용없다)
*山은 내려오면서 흩어지고(散), 물(水)은 내려오면서 모아진다(收)
仁者樂山(산은 내려오면서 베풀고),
知者樂水(물은 내려오면서 지혜가 커진다), 上善若水, 교회가 낮아지는 이유

*예수님은 어떤 분이신가?
1) 물 위를 걸으신다(상선약수) *모세의 홍해 건너기
2) 오병이어(五餠二魚)로 경제를 안정시킨다 *모세, 광야의 만나(manna)

3) 모든 환자를 치유 하신다

- 餠(떡 병)=食+并, 나란히(并) 어울려서 먹을(食) 수 있는 '떡'
- 합병증(合倂症). 倂(아우를 병) - 사람(人)이 나란히(并) 아우르다

*사기꾼 정치인

1) 부동산을 조작해서 경제를 파괴한다
2) 물 위가 아니라 무리를 지어 다닌다
3) 病을 고치는 것이 아니리, 병(유리병)든 자 나에게 오라는 고물상 역할

초콜릿

내가 어렸을 때 처음으로 배운 영어는
Hello, give me chocolate
6·25 전쟁 후
미국 병사들이 준 맛있는 초콜릿은 잊을 수 없다

예수님 오시기 1000년 前에
마야인들에게 카카오(초콜릿)를 재배시켜
감미롭고 달콤한 맛으로 서로 사랑하면서 살아가라고
사랑의 묘약 초콜릿을 神이 선물을 주었지만
평화로운 세상을 만드는데 실패했다

그 후,
사람은 떡(초콜릿)으로만 살 수 없고
하나님의 말씀으로만 살 수 있다는 것을 알려주시기 위해서
예수님이 직접 오신 것이다
이것도 쉽지 않지만
하나님 말씀을 달콤한 초콜릿 맛으로 초점을 맞추면
다른 생각이 사라진다는
1804년에 발표한 트록슬러 효과를 이용하면 도움이 된다
腦가 불필요한 정보(시각의 飛蚊症, 청각의 耳鳴 등)를
지우는 능력을 이용한 것이다
천국을 찾아가야 하는 우리들의 삶은

내가 잘났다는 생각을 잊고(겸손),
오직 하나님의 말씀을 달콤한 초콜릿으로 받아들이면
행복하지 않을까?

맛있는 초콜릿을 한 입 먹어 본다
달콤하기도 하지만
제행무상(諸行無常), 회자정리(會者定離), 원증회고(怨憎會苦)라는
쌉싸름한 쓴맛이 함께 섞여
저리 밤새 허무는구나

*초콜릿(표준어). 초코렛(x)
*비문증. 이명
*트록슬러(Troxler 스위스 醫師)
精神一到何事不成(정신일도하사불성)
- 정신이 한 곳에 집중되면 어떤 일이든 이룰 수 없는 것이 없다
- 집중력이 성공의 열쇠

*인생살이(Life cycle) 3가지 진실
제행무상(諸行無常) - 태어나면 반드시 죽는다
- 우주만물은 항상 돌고 변해서 한 모양으로 머물지 않는다
회자정리(會者定離) - 만나면 헤어진다
원증회고(怨憎會苦) - 원망하거나 미운 사람과 만나 살아야 하는 고통
- 총량의 법칙(어느 장소에 가도 미운 사람은 있다)
怨(원망할 원)=夕+㔾 밤에 무릎을 구부리고
뒹굴고만(夗) 있는 마음(心)이니 '원망스럽다'
憎(미워할 증)=忄 + 曾(八+ 罒 +曰
- 나눠서 창문(罒)을 열고 말(曰)을 하니
'이미, 이전에, 거듭' 아는 사이(曾)
- 마음(忄)속에 거듭(曾) 쌓이니 '미워하다'

*원증회고의 박근혜 대통령과 새한도

날씨가 차가워지고 난 후에야 소나무의 푸르름을 안다
歲寒然後知松柏之後彫也(세한연후지송백지후조야, 논어)에서
이름을 따온 추사 김정희의 歲寒圖(세한도)는
제주도 유배지에서 충직한 제자 이상덕에게
1884년에 그려준 고마움을 표시한 선물이다
억울하게 탄핵으로 물러난 박근혜 대통령은 누구에게
세한도를 줄까?
서산대사가 껄껄 웃는다
'세상살이 다 거기서 거기외다. 다 바람이라오'

입 맛(味), 滋味 興味 妙味

안 씹으면(未 아직 미)
맛이 안난다(未安)
입(口)으로 씹어야 맛(未)이 난다(味 맛 미)
혀(舌)에는
맛을 번개(雷)처럼 알아맞히는
맛봉오리(미뢰 味蕾=++ 꽃봉오리 + 雨+田)가
1만여 개 있다
맛(味)을 잃으면
재미(滋味)도 없고, 흥미(興味)도 없고, 묘미(妙味)도 없다
세상 사는 살맛이 사라진다

계절에는 봄 여름 가을 겨울이 있다
인생에도 피할 수 없는 生老病死 4계절이 있다
늙어서 맛을 잃은 것은 자연의 이치이다
六感 또는 靈感으로 살아가는 법을 배워야 한다
이런 자연현상을 치료할 수 있다고
病身六甲(병신육갑)떠는 자들을 주의해야 한다

*玄(검을 현) 2개면(玆) 대신 자

玆(무성할 자)- 1) 이것, 이에 - 지시대명사로 가차
2) 초목의 싹이 자라다 번성하다

3) 검을 자 : 검고 검으니 새까맣다

滋(불을 자) = 氵+玆 -물이 무성해지니 불어나다

흥미(興味) - 동시에 한마음으로 마주 든다 interest

재미(滋味, 자 - 재의 변형) fun - 맛이 풍부한 음식

묘미(妙味) - 미묘한 흥취

*병신육갑 - 60개를 외우기가 어렵다

- 능력이 안 되는 사람이 자꾸 나서서 잘난체 할 때 비하하는 표현

*興=臼(손을 교차할 구)+同(한 가지 동)+廾(받들 공), 舁(함께 여)

- 다같이 힘을 합하여 들어 올린다(협동)

재미(滋味)가 없다

입맛이 없으면 살맛이 안난다
재미가 없으면 살맛이 안난다

염색한 실타래(幺의 변형 玄)를 물(氵)에 담그면
색깔이 주위로 번져
검고 혼탁해진(玆) 물(氵)이 불어난다(滋. 불을 자)
마음 씀씀이가 한없이 불어나면
사랑(慈. 사랑할 자)이라 한다

청소년층이 교회를 떠나는 이유는
재미(滋味)가 없기 때문이다
어른들은 젊은이들이 인사 안 한다고 불평하지만
젊은이들은 마음속으로 말한다
'먼저 인사하세요'
바쁘다고 조급해하시면
'그렇게 바쁘시면 어제 오시지 그랬슈'

*滋味(불을 자+ 맛 미) - 맛이 불어난다. 증가한다. 더해진다
- 인생의 경험과 함께 느껴지는 감정이나 맛있는 삶의 향취

비만과 치매(3형 당뇨)

치매는 3형 당뇨라 불린다
당뇨 탓에 혈관이 망가지고
몸속 염증이 늘면
치매가 생기기 때문이란다
혈당이 높으면 인슐린이 조정을 해준다

글루카곤 유사 펩타이드(GLP-1)가
췌장에서 인슐린이 나오도록 유도한다
새로운 당뇨병 치료제로 등장한 것이다

그런데 이 약이 뜻밖에도
혈당을 떨어뜨리고 식욕을 억제해
비만의 특효약이 되었다
매일 주사를 맞는 삭센다(리라 글루타이드)
주 1회 집에서 맞는 주사제로 오젬픽, 위고비,
마운자로(터제파타이드), 레타트루타이드 등이 있다

비알코올성 지방간염의 환자들에게도
간에 쌓인 지방을 80% 넘게 낮춰준다(레타트루타이드)
만성 신장질환 진행속도도 늦춘다
신장, 심장질환 사망 위험도 낮춘다
당뇨 탓에 생긴 치매 위험도 낮춰준다

무서운 당뇨 때문에 비만이 해결되다니
참으로 세상은 오묘하네
포동포동한(사비 Chubby) 河馬, 미워하지 마세요

*글루카곤(glucagon)
glucagon=glukus(sweet 달콤한) + agon(leading, bringing)
당을 가져온다. 혈당을 높인다
인슐린과 반대 작용을 하는 호르몬(체내 혈당을 올린다)

*GLP(glucagon like peptid) 호르몬 - 글루카곤과 비슷한 펩티드
(펩티드 -아미노산이 2개 이상으로 구성된 단백질의 다른 이름)
글루카곤 유사체로 혈당을 올리는 진짜 글루카곤 분비를 억제
대신, 혈당을 낮추는 인슐린 분비를 촉진해서 혈당을 내려준다
동시에
위장운동을 느리게 한다(largo)
고로 영양흡수도 천천히, 소화도 천천히 되고
포만감이 오래 가므로(식욕감소) 다이어트에 도움이 된다

*치매 진단법
- 알츠하이머 증상이 나타나기 15년 전부터
치매를 일으키는 Tau(타우) 단백질이 뇌에 쌓이므로
이 단백질을 혈액검사로 확인하는 법(정확도 97%)
- PET, 뇌척수액 검사보다 간단하고 비용도 저렴하다

일곱 번째 에덴동산

밤하늘을 쳐다본다
하나님 神像만이 홀로 유일신으로 존재해야 하는데
지혜를 알려주는 사과나무를 사람들에게 주셔서
하나님이 제일 싫어하시는
像想과 偶像(짝퉁)을 탐구하게끔 인간을 창조하신 것이
믿기지 않는다

하나님은 인간을 사랑하사
에덴동산을 지금까지 일곱(7) 차례나 주셨다
첫 번째 에덴동산을 주셨지만
　아담과 하와가 사과 때문에 쫓겨났다
　아담의 큰 아들은 동생(카인과 아벨)을 살인까지 했다
두 번째 에덴동산은 노아의 방주를 통해서 주었지만
　바벨탑 때문에 쫓겨났다
세 번째 에덴동산은 아브라함에게 주었지만
　애굽에서 총리까지 할 정도로 잘 사니까
　두려움을 느낀 애굽이 노예동산으로 만들어버렸다
네 번째 에덴동산은 모세에게 주었지만
　가나안 땅에서 우상을 섬기다가 쫓겨났다
다섯 번째 에덴동산은 사울, 다윗, 솔로몬의 왕국시대(120년)라는
　황금시대를 주었지만 우상숭배로 쫓겨났다
여섯 번째 에덴동산은 하나님이 400년간 장고 끝에

예수님을 보내주시고
중세시대(5세기 후반~15세기 초반) 1천년 간
기독교 세계를 주셨지만
우상숭배로 쫓겨났다
일곱 번째 에덴동산을 한국에 주셔서
우리나라가 단군 이래 가장 잘 사는 나라가 되었지만
동성애, 마약, 좌파 성도들, 세습교회 등 우상을 섬기기 때문에
걱정이 앞선다 *아노, 아모, 왕중(아담. 노아. 아브라함. 모세. 왕국.중세)

에덴동산을 일곱 번째 까지 주신 이유는
하나이신 유일신, 하나님 신상을 따르지 않고
인간들이 상상, 가상세계, 우상을 좋아해서 생긴 일이다
사람들이 교회에 나가는 이유는
사람들은 때때로 용서해 주고
자연은 절대로 용서해 주지 않지만
하나님은 항상 용서해 주시기 때문입니다(You are welcome)
하나님께서는 인간의 잘못을
일흔 번씩 일곱 번 용서해 주라고
베드로에게 말씀하셨지만

이번에 주신 일곱 번째 에덴동산은
칠전팔기(七顚八起, 4번 참조)로 넘기시지 말고
이것을 끝으로 완성해 주시기를
간절히 기도드립니다
감사합니다

*愚(어리석을 우) - 원숭이(禺 긴꼬리 원숭이 우)같은 어리석은 마음
萬愚節
*유럽의 중세시대(5세기 말~15세시 초. 1천년 간)
- 기독교가 지배한 시대
- 중세 초기(백제. 신라), 중세 말기(고려말 선조선)
*르네상스
- 교회의 권위가 가장 높은 시대에 가려졌던 그리스, 로마 등 고전시대 부활
*노아(BC 2500년) – 뜻: 위로, 휴식, 평안, 안식
- 방주 제작기간 120년
- 아담의 10대손
- 600세에 홍수(40일) 950년 사망
- 노아 아버지(라멕 777년) 할아버지(므드셀라 969년)
- 라멕 182세 때 노아 탄생, 사망 2년 후(777-182=585) 홍수

행복의 門

열여라 참깨야
동굴 문이 열린다

열여라 참깨야 대신
'감사하다' 라고 말하면 열리는 문이 있다
행복의 문이다
내가 행복하면
나를 만나는 사람들도 기분이 좋아진다
감사는 이웃과 세상을 기쁘고 평화롭게 만든다
하나님의 은혜를 만든 것이다

감사하면 좋은 호르몬이 100% 나오고
스트레스 호르몬인 코티솔은 30% 감소한다
좋은 호르몬(엔돌핀, 다이돌핀)은 면역력을 높이고
암세포를 파괴하는 NK 세포를 활성화 시킨다

암이 싫어하는 3가지(산소. 웃음. 감사)
매일 걸으면서(유산소운동)
웃는 얼굴로
'감사합니다' 라고 1만 번 이상 외치면
말이 씨가 된다고
암이 치유되는 기적이 일어난다네

*endorphin(엔돌핀) -endogenous morphin
- 체내에서 만들어진 모르핀
- 암을 치료하고, 통증 해소
*모르핀 〈 200배 더 강한 엔돌핀 〈 4000배 더 강한 다이돌핀(didorphin)
*감동 호르몬(다이돌핀), 악마의 호르몬(아드레날린)
사랑의 호르몬(옥시톡신), 행복의 호르몬(엔돌핀)

*열여라 참깨, 가난한 나무꾼 알리바바

*감사하다
감사해야 할 일이 있는데도 감사하지 않는 사람
감사해야 할 때만 감사하는 사람
감사할 일이 없는데도 감사하는 사람

*예수님이 무료로 10명의 나병환자를 치료해 주었는데
감사하다고 찾아온 사람은 단 1명

*훈련기간 21
- 새로운 행동에 익숙해지는데 걸리는 시간 –21일(성공의 법칙)
1만 번의 법칙, 1만 시간의 법칙
鍛鍊(연단) -1000번, 10000번 연습, 독서-百讀自通
舌(설)=千번 연습하라(말하라. 口)
人百己千(인백기천) -남이 100을 하면 나는 천을 노력하라
- 산소 21%
- 영혼의 무게 21g
- 병 뚜껑 톱니 21개

*렌틸 콩(豆)
- 영어 lentil, 프랑스 lentille(주근깨), 라틴어 lens(렌즈)
*薑黃(강황) turmeric, 울금
- 폴리페놀 성분 중의 하나인 커큐민(curcumin) 성분이 들어 있다

*최고의 행복한 식사, 카레라이스

볼록한 렌즈(lens) 모양이라고 이름 붙은 렌즈콩(렌틸 콩)은

고 섬유질+고 단백질+저 지방인 식품으로
뇌(腦)의 노화를 방지해서 뇌가 늙지 않는다니
얼마나 기쁜 일인가
콩(豆)을 10개씩(十) 먹으면(口) 기쁨이 온다니(喜:기쁠 희 = 十+豆+口)
얼마나 기쁜 일인가요
兄 '에서'가 동생 '야곱'에게 팥죽(렌틸 콩) 한 그릇에
장자권을 넘길 정도로 맛이 있었다니(성경 창세기)
얼마나 기쁜 일인가요
렌틸 콩, 당근, 토마토가 섞여 있는 카레라이스를 감사한 마음으로 먹으면
모든 건강을 지켜준다니
얼마나 기쁜 일인가요

*바나나
- 갑자기 기운이 다운될 때, 응급 피로 회복제 – 바나나
운동선수들이 즐겨 먹는다
바나나에는 칼륨이 풍부해서(422mg)
혈압을 낮추고, 심장병을 예방. 냉철한 판단력
칼륨(재)은 몸속의 염분을 소변으로 배출
숙면에 도움(잠자는 호르몬 멜라토닌 상승)
*칼륨(Klium 아랍어 al quliy. 라틴어)= K =포타슘(Potassium 영어)=재
=칼리(황산칼리)=카리=가리(청산가리)
potassium=pot+ash =pot(항아리)+ ass(재)+ ium(금속)
- 항아리에 남은 잿물에서 발견된 금속
*칼륨=어원(알칼리)=칼리=재(칼리)
- 불꽃놀이 때 보라색
*염기를 영어로 base라 한다 (소금의 바탕 base of salt)
산과 중화되어 소금을 만드는 물질이 염기=알칼리

後記

세상의 20%가 나머지 80%를 지배한다는
파레토 법칙이란 게 있다
생각에도 80%가 부정적이다
사드와 성주 참외, 오염수와 생선, 광우병, 오염수 등 괴담

긍정적인 20%가 나를 지배해야 한다
"이 봐, 세상을 긍정적으로 살아 봤어?
하마에 그려진 연꽃의 의미를 알아 봤어?
성경 시편에서 부족함이 없다고 했지 않아
잘남도 모자람도 없다는 뜻 아닌가?
더러운 진흙 속처럼
험난한 이 세상에서 아름다운 연꽃을 피워 봤어?"

어려운 이 세상에서
감사하고, 사랑하고, 나누고, 베풀고, 행복하게
살아가는 두 가지 간단한 방법을 알려줘야지
해골바가지를 만나서
一切唯心造(일체유심조. 모든 일은 마음 먹기에 달렸다)를
깨달은 원효대사(617~686)를 생각해보면서

"1만 번 이상 웃어 봐
1만 번 이상 감사하다고 이야기 해봐"

*삶의 파레토 법칙(80:20)

80%의 시간을 열심히 살았다면
20%의 휴식이 필요하고,
80%의 지식이 있다면
20%의 지혜로움이 필요하고,
80%의 열정이 있다면
20%의 통찰이 필요하다

80%의 소리가 있더라도
20%의 고요가 없다면 소음에 불과할 뿐이다

*天國 門 통행료
천국문의 열쇠는 사랑(섬김) 입니다
창조주도 사랑하지만
창조된 우리 이웃도 사랑 했던 사람들,
사랑의 소망으로 이어지는 향연
사랑의 깊은 감동을 노래했던 사람들은
천국문 입장료가 무료 입니다
무거운 짐든 자, 병든 자, 괴로운 자들은?
유아 웰컴(환영합니다), 무료입니다
하나님은 항상 용서해 주시니까
凱旋門(개선문)처럼 기쁘게 들어가세요
하나님 정말로 감사합니다